V&R

PSYCHODYNAMIK **Kompakt**

Herausgegeben von
Franz Resch und Inge Seiffge-Krenke

Irmgard Kreft / Martina Drust /
Barbara Huber-Horstmann / Ulrike Held

Die Übertragungsfokussierte Psychotherapie für Kinder mit Borderline-Persönlichkeitsorganisation

Vandenhoeck & Ruprecht

Bibliografische Information der Deutschen Nationalbibliothek:
Die Deutsche Nationalbibliothek verzeichnet diese Publikation in der Deutschen Nationalbibliografie; detaillierte bibliografische Daten sind im Internet über https://dnb.de abrufbar.

Umschlagabbildung: Paul Klee, Segelschiffe, 1927/akg-images

Satz: SchwabScantechnik, Göttingen
Druck und Bindung: CPI books GmbH, Leck
Printed in the EU

Vandenhoeck & Ruprecht Verlage | www.vandenhoeck-ruprecht-verlage.com
E-Mail: info@v-r.de

ISSN 2566-6401
ISBN 978-3-525-45026-0

Inhalt

Vorwort zur Reihe

Zielsetzung von PSYCHODYNAMIK KOMPAKT ist es, alle psychotherapeutisch Interessierten, die in verschiedenen Settings mit unterschiedlichen Klientengruppen arbeiten, zu aktuellen und wichtigen Fragestellungen anzusprechen. Die Reihe soll Diskussionsgrundlagen liefern, den Forschungsstand aufarbeiten, Therapieerfahrungen vermitteln und neue Konzepte vorstellen: theoretisch fundiert, kurz, bündig und praxistauglich.

Die Psychoanalyse hat nicht nur historisch beeindruckende Modellvorstellungen für das Verständnis und die psychotherapeutische Behandlung von Patienten und Patientinnen hervorgebracht. In den letzten Jahren sind neue Entwicklungen hinzugekommen, die klassische Konzepte erweitern, ergänzen und für den therapeutischen Alltag fruchtbar machen. Psychodynamisch denken und handeln ist mehr und mehr in verschiedensten Berufsfeldern gefordert, nicht nur in den klassischen psychotherapeutischen Angeboten. Mit einer schlanken Handreichung von 70 bis 80 Seiten je Band kann sich die Leserin, der Leser schnell und kompetent zu den unterschiedlichen Themen auf den Stand bringen.

Themenschwerpunkte sind unter anderem:

- *Kernbegriffe und Konzepte* wie zum Beispiel therapeutische Haltung und therapeutische Beziehung, Widerstand und Abwehr, Interventionsformen, Arbeitsbündnis, Übertragung und Gegenübertragung, Trauma, Mitgefühl und Achtsamkeit, Autonomie und Selbstbestimmung, Bindung.
- *Neuere und integrative Konzepte und Behandlungsansätze* wie zum Beispiel Übertragungsfokussierte Psychotherapie, Schematherapie,

Mentalisierungsbasierte Therapie, Traumatherapie, internetbasierte Therapie, Psychotherapie und Pharmakotherapie, Verhaltenstherapie und psychodynamische Ansätze.
- *Störungsbezogene Behandlungsansätze* wie zum Beispiel Dissoziation und Traumatisierung, Persönlichkeitsstörungen, Essstörungen, Borderline-Störungen bei Männern, autistische Störungen, ADHS bei Frauen.
- *Lösungen für Problemsituationen in Behandlungen* wie zum Beispiel bei Beginn und Ende der Therapie, suizidalen Gefährdungen, Schweigen, Verweigern, Agieren, Therapieabbrüchen; Kunst als therapeutisches Medium, Symbolisierung und Kreativität, Umgang mit Grenzen.
- *Arbeitsfelder jenseits klassischer Settings* wie zum Beispiel Supervision, psychodynamische Beratung, Soziale Arbeit, Arbeit mit Geflüchteten und Migranten, Psychotherapie im Alter, die Arbeit mit Angehörigen, Eltern, Familien, Gruppen, Eltern-Säuglings-Kleinkind-Psychotherapie.
- *Berufsbild, Effektivität, Evaluation* wie zum Beispiel zentrale Wirkprinzipien psychodynamischer Therapie, psychotherapeutische Identität, Psychotherapieforschung.

Alle Themen werden von ausgewiesenen Expertinnen und Experten bearbeitet. Die Bände enthalten Fallbeispiele und konkrete Umsetzungen für psychodynamisches Arbeiten. Ziel ist es, auch jenseits des therapeutischen Schulendenkens psychodynamische Konzepte verstehbar zu machen, deren Wirkprinzipien und Praxisfelder aufzuzeigen und damit für alle Therapeutinnen und Therapeuten eine gemeinsame Verständnisgrundlage zu schaffen, die den Dialog befördern kann.

Franz Resch und Inge Seiffge-Krenke

Vorwort zum Band

Für das Kindesalter wurde und wird teilweise bis heute der Persönlichkeitsbegriff infrage gestellt. Es wird argumentiert, dass Kinder noch nicht reif genug seien, um in ihrem Erleben und Verhalten von Persönlichkeit zu sprechen. Dieser Sicht ist schon sehr früh die Psychoanalyse entgegengetreten. Allen voran ging Paulina Kernberg mit der Meinung, dass gerade Kinder eine individuell klar beschreibbare und von anderen abgrenzbare Persönlichkeit aufweisen. Auch im Rahmen der Operationalisierung psychodynamischer Diagnostik bei Kindern und Jugendlichen (OPD-KJ) ging die Arbeitsgruppe davon aus, dass das Kind in jedem Lebensalter eine ihm eigene optimierte psychische Struktur besitzt. Es ist nicht angemessen, Kinder nach einem Erwachsenenideal als grundsätzlich nicht optimal umweltangepasst oder unreif zu betrachten. Empirische Befunde zeigen, dass Persönlichkeitsmerkmale bereits in frühen Lebensaltern zu identifizieren sind und eine gewisse Stabilität von Persönlichkeitsmerkmalen vom Kindheitsalter über das Adoleszenz- bis zum Erwachsenenalter beobachtbar ist. Wo Persönlichkeit existiert, kann es auch Störungen derselben geben.

Das Autorenteam hat sich die Behandlung von Kindern mit schweren Störungen der Persönlichkeitsentwicklung zur Aufgabe gestellt. Es hat die Methode der Übertragungsfokussierten Psychotherapie (Transference-Focused Psychotherapy – TFP) weiterentwickelt, um die sich im therapeutischen Prozess bei Kindern mit strukturellen Störungen entwickelnde interpersonelle Dynamik besser erfassen und bearbeiten zu können. Die strukturelle Diagnose einer Borderline-Persönlichkeitsorganisation wird klar von der Borderline-Persönlichkeitsstörung als Krankheitsbild abgegrenzt. Als strukturelle Diagnosekriterien einer Borderline-Persönlichkeitsorganisation gelten nicht nur vorherrschende aggressive Beziehungsdyaden und archaische Abwehrmechanismen wie die Spaltung, sondern auch ein grandioses Selbst, Identitätsdiffusion und beeinträchtigte Über-Ich-Funktionen. Ätiologisch werden Unsicherheit und Bedrohung als entscheidende Lebenserfahrungen hervorgehoben. Die überwältigende Intensität von aversiven Affekten kann auch als transgenerationaler Mechanismus einer Weitergabe traumatischer Erfahrungen der Elterngeneration verstanden werden.

Die klinischen Störungsbilder von Kindern mit Borderline-Persönlichkeitsorganisation weisen ein vielfältiges und fluktuierendes Erscheinungsbild auf. Neben der tiefgreifenden psychischen Instabilität sind typische Überschneidungen mit den Leitsymptomen anderer psychischer Störungen möglich, die eine differenzialdiagnostische Herausforderung darstellen.

In einem dritten Teil wird das TFP-Behandlungsmodell für die Arbeit mit Kindern vorgestellt. Eine Besonderheit ist, dass Kinder ihre Objektbeziehungsdyaden und Abwehrstrategien in der Übertragungsbeziehung anders inszenieren als Erwachsene. Dem Spiel und dem Rollenspiel kommt dabei eine besondere Bedeutung zu. Rollenumkehr oder Ausschluss vom Spiel sollen beobachtet, verstanden und gedeutet werden. Einander abwehrende aggressive und libidinöse Dyaden, die als getrennte Dyaden unabhängig existieren können, sollen beobachtet und gedeutet werden. Auch mit den Bezugspersonen, die regelhaft psychotherapeutisch begleitet werden, wird in der beschriebenen Weise gearbeitet. Die technische Neutralität ist in allen Fällen strikt zu wahren.

Nach ausführlicher Vorbereitung und Planung, der Feststellung der Indikation und Erstellung eines Behandlungsvertrags ist auf die wichtige Vernetzung mit den Bezugssystemen der kindlichen Patienten zu achten (Helferkonferenzen). Die einzelnen Behandlungsphasen werden mit ausführlichen und anschaulichen Beispielen deutlich gemacht. Dem Behandlungsende wird ein eigener Abschnitt gewidmet, der auch praktische Anleitungen für die Terminwahl und die frühzeitige Einbindung von Kindern und Familien enthält.

Die Übertragungsfokussierte Psychotherapie stellt ein methodisches Grundgerüst dar, um den besonders belasteten schwer strukturell gestörten Kindern ein Behandlungsangebot zu machen. Damit kann der Chronifizierung und Retraumatisierung dieser sensiblen Patientengruppe erfolgreich vorgebeugt werden. Wo früher in Therapien rasch Gefühle der Ohnmacht und Hilflosigkeit aufkamen, steht nun eine Methode zur Verfügung, die als Lern- und Selbsterkenntnisprozess allen psychodynamisch orientierten und interessierten Therapeutinnen und Therapeuten zugutekommen kann.

Inge Seiffge-Krenke und Franz Resch

Vorbemerkungen

Die Diagnosestellung einer Persönlichkeitsstörung im Kindesalter wird in der Fachwissenschaft wie in der therapeutischen Praxis zunehmend für sinnvoll und notwendig erachtet. Als Autorinnen gehören wir zu einer Gruppe von analytischen Kinder- und Jugendlichenpsychotherapeutinnen, die am Berliner Institut für Psychotherapie e. V. in der Methode der Übertragungsfokussierten Psychotherapie (TFP für Transference-Focused Psychotherapy) ausgebildet wurden. In unserer eigenen Arbeit mit schwer verhaltensauffälligen Kindern auf dem Strukturniveau der Borderline-Persönlichkeitsorganisation (BPO) erlebten wir die von Yeomans, Clarkin und Kernberg verfassten TFP-Praxismanuale (Clarkin, Yeomans u. Kernberg, 2008; Yeomans, Clarkin u. Kernberg, 2017) als äußerst hilfreich, um die sich im therapeutischen Prozess mit dem Kind entwickelnde interpersonelle Dynamik besser fassen, verstehen und gezielt bearbeiten zu können. Aspekte der therapeutischen Arbeit mit Erwachsenen lassen sich aber nicht ohne Weiteres auf die Behandlung von Kindern übertragen. So entstand in unserer Arbeitsgruppe die Idee zu einer Konzeptualisierung der Übertragungsfokussierten Psychotherapie speziell für die Arbeit mit diesen Kindern. Wir beziehen uns dabei auf die Altersgruppe vor Vollendung des elften Lebensjahres. Unser Anliegen ist es, darzustellen, wie Kindern mit einem ihnen angepassten Behandlungskonzept begegnet werden kann, das ihrem Störungsbild, ihrem Entwicklungsstand und ihrer altersbedingten Lebenssituation entspricht. Die frühe Diagnostizierung und Behandlung dieser schweren seelischen Erkrankung könnte einer zunehmenden Pathologie, die oft mit gesellschaftlicher Ausgrenzung einhergeht, entgegenwirken. Zugleich bietet die TFP einen schützenden und haltgebenden Rahmen, innerhalb dessen sich die oft heftige Dynamik in der Beziehung zwischen Kind und Therapeut entfalten und aufgefangen werden kann. Alle Teile unserer Konzeption – Diagnostik, Behandlungstechnik sowie Verlauf der Therapie – werden durch Fallbeispiele aus unserer Praxis veranschaulicht. Die Namen der Kinder, aus deren Therapien wir berichten, wurden verändert.

Unsere Konzeption richtet sich zunächst an analytisch und tiefenpsychologisch arbeitende Kinder- und Jugendlichenpsychotherapeutinnen und -therapeuten. Wir hoffen aber, dass sie auch in anderen Kontexten – wie der stationären Kinder- und Jugendpsychiatrie oder in sozialtherapeutischen Einrichtungen – zum genaueren Verstehen des Störungsbildes dieser Patienten beitragen kann.

Unser Dank gilt den Kolleginnen und Kollegen der TFP-Arbeitsgruppe des Instituts für Psychotherapie e. V. Berlin, insbesondere Marion Braun, Irma Gleiss, Gabriele Kehr und Werner Köpp, die unsere Gedanken mit uns diskutiert haben. Den Kindern, aus deren Behandlungen wir berichten, sind wir dankbar verbunden, weil wir von ihnen so viel erfahren und lernen konnten. Nicht zuletzt gelten unser Respekt und unser Dank den Eltern und Bezugspersonen, ohne deren Mitwirken unsere Arbeit mit den Kindern und damit die Entstehung dieser Konzeption nicht möglich gewesen wären.

1 Die Übertragungsfokussierte Psychotherapie nach O. F. Kernberg (TFP)

Die TFP basiert auf der psychoanalytischen Objektbeziehungstheorie sowie der Ich-Psychologie. Ihr Ziel ist psychische Integration und damit die Förderung der Strukturbildung. In der Strukturdiagnostik wird davon ausgegangen, dass das Strukturniveau der Borderline-Persönlichkeitsorganisation (BPO) zwischen dem psychotischen und dem neurotischen Strukturniveau liegt. Im Gegensatz zum psychotischen Strukturniveau ist auf dem Strukturniveau der BPO die Fähigkeit zur Realitätsprüfung grundsätzlich intakt, und die Differenzierung zwischen Selbst- und Objektrepräsentanzen hat stattgefunden. Im Unterschied zum neurotischen Strukturniveau dominiert Spaltungsabwehr, die nicht überwunden werden kann. Die Integration der gespaltenen Selbst- sowie Objektrepräsentanzen gelingt nicht. »Kinder, die eine Borderline-Persönlichkeitsstörung ausbilden, lassen diesen Integrationsprozess vermissen. Stattdessen wird die Trennung zwischen idealisierten und verfolgenden Anteilen der hochaffektiv besetzten Erfahrungen zu einer stabilen, wenngleich pathologischen intrapsychischen Struktur« (Clarkin et al., 2008, S. 5). Als Grund hierfür wird ein Überwiegen der verinnerlichten aggressiv determinierten Repräsentanzen angenommen. Einen Überblick zur Entwicklung der Persönlichkeitsstruktur bietet Doering (2016).

Ein wichtiger Begriff der TFP ist »Objektbeziehungsdyade«. Er kennzeichnet dominante verinnerlichte Beziehungsmuster, die in der Übertragungssituation reinszeniert werden. Eine Objektbeziehungsdyade besteht aus einer Selbstrepräsentanz, die über einen Affekt mit einer Objektrepräsentanz verbunden ist. Es geht dabei immer um Teil-Selbstrepräsentanzen und Teil-Objektrepräsentanzen, niemals um Repräsentanzen des gesamten Selbst oder des gesamten Anderen.

2 Strukturdiagnostik der Borderline-Persönlichkeitsorganisation (BPO) für das Kindesalter

2.1 Konstituierende Elemente einer BPO im Kindesalter[1]

Im Folgenden stellen wir die Kriterien vor, die aus unserer Sicht die Diagnose einer Persönlichkeitsstörung auf dem Strukturniveau der Borderline-Persönlichkeitsorganisation (BPO) bereits bei Kindern ermöglichen. Borderline-Persönlichkeitsorganisation (BPO) meint immer das *Strukturniveau*, während Borderline-Persönlichkeitsstörung (BPS) ein *Krankheitsbild* bezeichnet. Im Kindesalter ist die BPS das häufigste Krankheitsbild auf dem Strukturniveau der BPO. Daneben, aber deutlich seltener, werden bei Kindern auch narzisstische Persönlichkeitsstörungen sowie Persönlichkeitsstörungen mit antisozialen Tendenzen diagnostiziert (P. F. Kernberg, Weiner u. Bardenstein, 2001). Diese unterschiedlichen Krankheitsbilder sind bei Kindern allerdings oft schwer voneinander abzugrenzen (Streeck-Fischer, Düwell, Bauers u. Siebert, 2018). Die folgenden Diagnosekriterien kennzeichnen das Strukturniveau der BPO, einige der Kriterien treffen besonders auf bestimmte Krankheitsbilder zu.

2.1.1 Vorherrschen aggressiver Objektbeziehungsdyaden

Dieses Diagnosekriterium grenzt das Strukturniveau der BPO deutlich ab von einem neurotischen Strukturniveau. Anders als bei neurotischen Patienten ist die innere Welt von Kindern mit einer BPO von lebensbedrohlichen Gefahren und massiven Ängsten geprägt. Sie inszenieren im Spiel oder in der Übertragung eine zentral ver-

1 Kapitel 2.1 ist eine gekürzte und überarbeitete Fassung von Kreft (2018).

innerlichte Objektbeziehungsdyade, die aus einem bedrohten, ausgelieferten Selbst besteht, das über den Affekt »Vernichtungsangst« mit einem bedrohlich erlebten Objekt verbunden ist. Hurvich (2015) beschreibt Vernichtungsangst als den Verlust der Fähigkeit, zu funktionieren und/oder zu existieren, und er stellt die Vernichtungsangst den von Freud (1926d, v.a. Kapitel IX) genannten vier Gefahrensituationen noch voran. Die fünf Gefahrensituationen sind dann:

1. Verlust der Fähigkeit, zu funktionieren und/oder zu existieren (Vernichtungsangst);
2. Verlust des Objekts (Objektverlustangst);
3. Verlust der Liebe des Objekts (Angst, die Liebe des Objekts zu verlieren);
4. Kastration/körperliche Verletzung (Kastrationsangst);
5. Feindseligkeit des Über-Ich (Angst vor einem strafenden Über-Ich).

Bei Kindern mit einer BPO dominiert Vernichtungsangst. Kinder auf dem neurotischen Strukturniveau erleben dagegen Ängste, die den von Freud beschriebenen vier Gefahrensituationen entsprechen. Das folgende Fallbeispiel zeigt, wie bereits im ersten Vorgespräch eine mit Vernichtungsangst verbundene aggressiv determinierte Objektbeziehungsdyade deutlich wird.

Die fünfjährige Anna spielt im Puppenhaus. Sie legt das Baby ins Bett, lässt den Vater in der Küche kochen. Plötzlich steckt das Baby kopfüber im Klo. Der Vater bleibt desinteressiert. Später stürzt das Baby vom Dach, und wieder hilft keiner (Annas Behandlung ist zum Teil beschrieben in Kreft, 2015).

Das Spiel schien eine sachliche Darstellung von Annas innerer Welt zu sein. Das Mädchen wirkte völlig affektisoliert und mit keiner der dargestellten Figuren identifiziert. Aber in der Therapeutin breitete sich ein schwer auszuhaltendes Gefühl von Leid und Verzweiflung aus. Anna zeigte hier ihre abgewehrte verinnerlichte Objektbeziehungsdyade: ein hilfloses Baby, dem Schlimmes passiert, das über den Affekt »Vernichtungsangst« mit einem desinteressierten Objekt verbunden ist, von dem keine Hilfe zu erwarten ist. Qualvolle, intensiv bedrängende Gegenübertragungsgefühle, die die Therapeutin erleben lassen, was die Patientin bei sich noch nicht zulassen kann, sind typisch für diese Behandlungen. Sie zeigen die Schwere der Pathologie im Gegensatz zu neurotischen Störungen.

2.1.2 Spaltung und andere primitive Abwehrmechanismen

Bei Kindern auf dem Strukturniveau der BPO dominieren primitive Abwehrmechanismen, die sich um Spaltung gruppieren. Das sind – wie bei erwachsenen Patientinnen und Patienten auf diesem Strukturniveau:

- projektive Identifizierung,
- Verleugnung,
- Entwertung,
- primitive Idealisierung,
- omnipotente Kontrolle (P. F. Kernberg et al., 2001).

Diese archaischen Mechanismen sind bei sehr jungen Kindern altersadäquat. Dort bilden sie nach Bott Spillius (2002) einen wichtigen Entwicklungsschritt, um die Unterscheidung zwischen Gut und Böse fest etablieren zu können. Schritte zur Überwindung der Spaltung beginnen bei Kindern, die eine Beziehung zu einem ausreichend guten Objekt verinnerlichen konnten, aber bereits früh. Parens (1996), der sich auf eigene Untersuchungen sowie auf die von Mahler, Pine und Bergman (1978/2008) beruft, beschreibt, wie der typische Ambivalenzkonflikt des einjährigen Kindes Neutralisierung einleitet. Es geht um die Beziehung zu einer positiv besetzten, aber Expansion verbietenden und daher frustrierenden Mutter. »Der Wunsch des Kleinkindes, die Mutter, auf die es angewiesen ist und die es positiv besetzt hat, zu zerstören, weckt Angst, so daß das Kind vor der wichtigen Aufgabe steht, zum einen zwischen den nun polarisierten Triebabkömmlingen und zum anderen zwischen diesen Triebabkömmlingen und der Realität vermitteln zu müssen; infolgedessen beginnt es, eine ›Neutralisierung‹ (d. h. Modifizierung) der gegenüber dem Liebesobjekt empfundenen feindseligen Destruktivität zu aktivieren und die Gebote jenes Objektes zu internalisieren« (Parens, 1996, S. 26). Parens führt weiter aus, dass dieser Ambivalenzkonflikt nicht Neutralisierung, sondern Aufrechterhaltung von Spaltung bewirkt, falls das Objekt emotional allzu feindselig besetzt ist.

Trotz dieser früh beginnenden Neutralisierungsprozesse beobachten wir auch bei neurotischen und gesunden Kindern bis etwa zum sechsten Lebensjahr (und abgeschwächt bei allen Altersgruppen) weiterhin Spaltungsmechanismen. Sie dominieren hier aber nicht, müssen nicht wie bei Personen mit BPO ständig aktiv eingesetzt werden, um Vernichtungsangst zu regulieren.

Bei Kindern mit BPO gibt es neben den vorherrschenden mit aggressiven bzw. aversiven Affekten verbundenen Objektbeziehungsdyaden lediglich schwache mit libidinösen Affekten verbundene Dyaden, die bei manchen nur als eine Art Sehnsucht vorhanden sind. Durch Spaltung – also durch striktes Auseinanderhalten – sollen die schwachen libidinös besetzten Dyaden vor dem Übergewicht der aggressiv besetzten Dyaden geschützt werden (Kernberg, Krischer u. Foelsch, 2008). Eine Bezugsperson, die versagend ist, wird in dem Moment als absolut böse erlebt und dann in einer behaglichen Situation als absolut gut, als wäre es nicht ein und dieselbe Person. Es gibt bei diesen Kindern kein Sowohl-als-auch.

Die fünfjährige Franzi, die ihre Pflegemutter bei jeder Frustration hasserfüllt angreift, macht ihr in einer behaglichen Situation zärtliche Liebeserklärungen. Dabei versichert sie, nie mehr so böse zu sein. In ihrem gegenwärtigen Erleben wird die momentane Harmonie nun für immer bestehen. Es gibt zwar eine vom Affekt entkoppelte kognitive Erinnerung an das Bösesein, aber die damit verbundenen Gefühlszustände sind abgespalten und erscheinen Franzi in dieser Situation so, als wären sie nun und für alle Zukunft ohne jegliche Relevanz.

Nur auf diese Weise erscheint es Patientinnen und Patienten mit BPO möglich, sich in einer als bedrohlich erlebten Welt auch Gutes zu erhalten. Spaltungsabwehr kann sich auch darin zeigen, dass die Inszenierungen gegensätzlicher Objektbeziehungsdyaden auf Beziehungen zu verschiedenen Objekten verteilt werden.

Die fünfjährige Marie inszeniert mit der Therapeutin eine libidinöse Dyade. Gegenüber den bemühten, aber oft verzweifelten Pflegeeltern aktiviert sie dagegen nahezu ständig eine hasserfüllte aggressive Dyade. Im Vorgespräch erlebt die Therapeutin ein sonniges, zugewandtes Mädchen. Gleichzeitig hat Marie ein sicheres Gespür dafür, Mängel im Therapieraum zu entdecken und zu betonen: Puppenhaus-Puppen können nicht stehen, die Treppe hat eine lose Stufe, die Hose der Oma-Puppe ist zu lang und Ähnliches. Sie kommentiert all dies mit: »Macht ja nichts«, und sieht die Therapeutin dabei weiterhin strahlend an. Diese Inszenierung erlebt die Therapeutin als Bemühen der Patientin, über Manipulation und Kontrolle eine störungsfreie libidinöse Dyade aufrechtzuerhalten. Von den Pflegeeltern wird berichtet, dass Marie mit ihnen demonstrativ eine aggressiv determinierte Dyade aufrechterhält. So ruft sie laut in die Runde, wenn die Pflegemutter sie vom Kindergarten abholt: »Mama, krieg ich heute mal was zu essen?« Oder: »Muss ich heute wieder allein bleiben?«

Bisher wurde beschrieben, wie Spaltung zur Trennung zwischen libidinös und aggressiv determinierten Objektbeziehungsdyaden eingesetzt wird. Daneben ist Spaltungsabwehr aber auch innerhalb der aggressiv besetzten Objektbeziehungsdyade aktiv. Hier dient sie der *Abwehr über Rollenumkehr.* Maries Inszenierung zeigt neben der Spaltung zwischen den libidinös und aggressiv determinierten Repräsentanzen auch eine solche Rollenumkehr. In ihrem Umgang mit der Pflegemutter ist sie mit einem bösartigen, zerstörerischen Objekt identifiziert. Sie stellt sie bloß, indem sie fragt: »Mama, krieg ich heute mal was zu essen?« Gleichzeitig projiziert sie auf die Pflegemutter eine abgespaltene ausgelieferte, hilflose Teil-Selbstrepräsentanz. Ein

Kind, das als zentrales Beziehungsmuster eine aggressiv determinierte, mit Vernichtungsangst verbundene Dyade zwischen einem hilflosen Selbst und einem gefährlichen Objekt verinnerlicht hat, schützt sich, indem es die Dyade umkehrt. Es identifiziert sich mit seiner mächtigen, aggressiven Teil-Objektrepräsentanz. Gleichzeitig spaltet es die schwache, ausgelieferte Teil-Selbstrepräsentanz ab und bringt sie über projektive Identifizierung in seinem Gegenüber unter. Dadurch entsteht eine neue Dyade, die der Abwehr dient. Statt Vernichtungsangst ist nun der Affekt Aggression dominant. Unsere Erfahrungen bestätigen die Sichtweise von Lohmer (2013), wonach Aggressivität erst sekundär, zu Abwehrzwecken, in der Identifikation mit dem Täterobjekt aktiviert wird. Der zugrunde liegende Affekt ist Vernichtungsangst. Die gleiche Beziehung zwischen Aggression und Angst beschreiben Diepold (1995) sowie Streeck-Fischer (2007, S. 486): »Aggression dient als Verteidigungsmaßnahme bei Angst und Bedrohung.«

Annas affektlose Darstellungen in den ersten Stunden veränderten sich bald. In der dritten Stunde hält sie eine Babypuppe an einem Bein hoch, vergewissert sich mit einem provozierend-lauernden Blick, dass die Therapeutin die Szene aufnimmt, und lässt die Puppe fallen. Hier ist sie in Rollenumkehr deutlich mit einer sadistischen Täter-Objektrepräsentanz identifiziert und bringt über projektive Identifizierung die Therapeutin dazu, sich mit der Opferrepräsentanz und dem Leid des misshandelten Kindes zu identifizieren.

Ältere Kinder wählen oft Regelspiele. Dann ist die Therapeutin der triumphierenden Schadenfreude des Kindes ausgeliefert, sobald sie in der Verliererposition ist. Durch Rollenumkehr kann die Therapeutin in einen Strudel extremer, völlig unerwarteter Gefühle geraten, möglicherweise Vernichtungsangst erleben, gefolgt von archaischer Wut. Sie erlebt die abgespaltenen Affekte des Kindes.

Rollenumkehr kann auch als eine permanent aktive Abwehrhaltung erscheinen, in der die dahinterstehende abgewehrte Dyade gar nicht mehr deutlich wird. Diese Kinder leben in der ständig vorhandenen Angst, dass sich ihre zentral verinnerlichte Dyade im Außen realisieren könnte. Davor schützen sie sich mit Rollenumkehr. Als Folge erscheinen sie ihrer Umwelt in Familie, Kindergarten oder Schule oft grundlos aggressiv. Hinter ihrer Destruktivität steht jedoch die Angst vor der eigenen Vernichtung.

Die Abwehr über Rollenumkehr mit der Aktivierung des Affekts Aggression ist beim Krankheitsbild der Borderline-Persönlichkeitsstörung zentral. Aggressivität ist aber nicht grundsätzlich als reaktiv einzuschätzen. Eine aggressive Triebausstattung erwächst nicht aus der Abwehr gegen Vernichtungsangst. Sie ist vielmehr Voraussetzung dafür, dass Patienten diese Abwehrstrategie überhaupt einsetzen können. Wenn ein Kind mit BPO nicht über eine ausreichende aggressive Triebenergie verfügt, die ihm die Identifikation mit dem Täterobjekt ermöglicht, wird es Vernichtungsangst auf andere Weise abwehren und so ein anderes Krankheitsbild entwickeln. Es wird eher mit Flucht als mit Angriff reagieren und dann vielleicht eine selbstunsicher-vermeidende Persönlichkeitsstörung herausbilden.

Um den Unterschied zwischen einer Borderline- und einer neurotischen Persönlichkeitsorganisation deutlich zu machen, soll zum Diagnosekriterium »Spaltung« noch die Fallvignette eines neurotischen Kindes vorgestellt werden.

Auch der fünfjährige Sebastian ist bei Spielen im Sandkasten mit den siegreichen, starken Bösen identifiziert, die den schwachen, hilflosen Gegnern ihr Land und ihre Schätze nehmen. Dabei projiziert auch er eine schwache Selbstrepräsentanz, die er loswerden möchte, auf die Spielfiguren, die von der Therapeutin gespielt werden müssen. Aber im Gegensatz zu Kindern mit BPO hat Sebastian eine ganz andere Freiheit, sein Spiel zu gestalten. In der Regel endet es mit einer Versöhnung der Gegner. Manchmal leben sie zum Schluss zusammen auf der Burg oder sie sitzen gemeinsam am Lagerfeuer und laden sich zum Eierkuchen-Essen ein. Entsprechend sind die Gegenübertragungsgefühle viel weniger bedrängend. Sebastian ist zur Integration in der Lage. Aus dem Blickwinkel kleinianischer Terminologie kann er zwischen paranoid-schizoider und depressiver Position oszillieren.

2.1.3 Das grandiose Selbst

Das grandiose Selbst gilt als besonderes Diagnosekriterium der *narzisstischen Persönlichkeitsstörung.* Diese tritt im Kindesalter weniger häufig auf als das Krankheitsbild der Borderline-Persönlichkeitsstörung (P. F. Kernberg, 1996). Der Affekt Vernichtungsangst ist hier mit Angst vor Entwertung verbunden. Zentral abgewehrt ist dann die Objektbeziehungsdyade eines wertlosen Kindes, das einem großartigen und überlegenen, aber entwertenden Objekt gegenübersteht. Auch bei der narzisstischen Persönlichkeitsstörung ist Rollenumkehr die dominante Abwehrstrategie, die hier aber viel stabiler und konstanter ist als bei der Borderline-Persönlichkeitsstörung. Das narzisstische Kind entwickelt mit dem grandiosen Selbst eine überdauernde Struktur, die im Ich verankert ist. Es schreibt sich selbst überlegene Merkmale zu und entfaltet ein übersteigertes Selbstwertgefühl. »In dem grandiosen Selbst des Kindes verschmelzen die positiven Aspekte des tatsächlichen Selbst mit dem Ideal-Selbst und den idealen Rollen-Vorbildern« (P. F. Kernberg et al., 2001, S. 202). Das grandiose Selbst schützt das Kind vor der drohenden Dominanz der negativen Teil-Selbstrepräsentanzen, die abgespalten und über projektive Identifizierung in den Objekten untergebracht werden, die es auf diese Weise entwertet.

Angst vor Entwertung zeigt sich bei diesen Patienten auch in *chronischem Neid.* Sie können Erfolge und Überlegenheit anderer nicht ertragen, weil sie sich dadurch entwertet fühlen. Häufig nehmen diese Kinder eine Führungsrolle unter Gleichaltrigen ein. Oft zeigen sie auch schulische Erfolge, die aber schnell zusammenbrechen, sobald Lernen erforderlich wird. Die Einsicht, lernen zu müssen, würde das Eingeständnis voraussetzen, etwas nicht zu können. Dies wiederum würde aber das »grandiose Selbst« infrage stellen und muss dementsprechend verleugnet werden: »Wenn das Kind nicht ›Weltmeister‹

oder das Zentrum jeglicher Aufmerksamkeit oder beides ist, dann ist die Aktivität an sich völlig wertlos« (P. F. Kernberg, 1996, S. 196).

Die fünfjährige Simone strahlt ein extremes Selbstbewusstsein aus, dem jegliche Anzeichen von Schwäche fehlen. Sie trennt sich problemlos von der Mutter, begrüßt die Therapeutin mit perfekter Ansprache, geht tänzelnd ins Zimmer, bewegt sich auch in den Stunden mehrfach wie ein Fernsehstar in gekonnt rhythmischen Bewegungen zu Fragmenten von Popmusik, die sie singt. Die Therapeutin fühlt sich wie ein Gegenstand behandelt, unwichtig und wertlos. Auch die Figuren, die Simone im Spiel übernimmt, sind alle omnipotent. Sie können Tote wieder lebendig schießen und führen die tollsten Kunststücke aus. Aber als Simone plötzlich ein lautes fremdes Geräusch hört, bricht ihr Selbstbewusstsein völlig in sich zusammen und sie ist starr vor Angst. Die Therapeutin erfährt, dass sie fürchte, ein »Bagger« könnte sie »baggern«.

In dieser Situation ist Simones Abwehr über ihr Größenselbst nicht mehr tragfähig, und es wird eine schwache, von Vernichtungsangst bedrohte Teil-Selbstrepräsentanz deutlich. Ein anderes Kriterium der narzisstischen Persönlichkeitsstörung zeigt Simone während einer Situation in ihrer Kindergartengruppe: Als alle Kinder bedauernd um einen verletzten Vogel herumstehen, geht sie dazwischen und tritt den Vogel tot. Hier erlebte sie vermutlich massiven Neid auf die Aufmerksamkeit, die das Tier erhielt. Es könnte zudem auch ein Anzeichen für eine sich entwickelnde antisozialen Tendenz sein.

2.1.4 Identitätsdiffusion

Identitätsdiffusion ist ein zentrales Kriterium für die Diagnose einer BPO. Sie ist das Resultat gespaltener gegensätzlicher Teil-Selbstrepräsentanzen sowie Teil-Objektrepräsentanzen. Zur Identitätsdiffusion gehören ein nicht integriertes Selbstkonzept und fehlende Objektkonstanz. Diese Patienten können sich nur entweder als Opfer fühlen oder als Täter, nur entweder als hilflos-schwach oder als aggressiv-mächtig, als nur »lieb« oder nur »böse«, niemals »sowohl als auch«. Ebenso können sie ihre wichtigen Objekte niemals als sowohl böse-versagend als auch liebevoll-zugewandt erleben. Es gibt in ihrer Welt nur entweder böse oder gute Objekte. Eine Mutter, die gut genug ist, ist noch nicht denkbar. Wenn der Therapeut das Stundenende ankündigt, wird er sofort zum bösen, willkürlich verlassenden und hassenswerten Objekt. Bei älteren Kindern kann sich Identitätsdiffusion in einem typischen Gegenübertragungsgefühl von Verwirrung ausdrücken. Der Therapeut, die Therapeutin bekommt kein klares Bild von dem Patienten.

Die zehnjährige Paula erschien zu jeder Probatorikstunde, als wäre sie ein anderes Mädchen in einem anderen Alter. Während sie beim Erstgespräch wie eine selbstbewusste, reife 14-Jährige auftrat, erlebte die Therapeutin sie zur zweiten Sitzung wie ein kleines, sechsjähriges Mädchen im Warteraum, was bei der Therapeutin tiefe Irritation auslöste, weil sie in diesem Kind zunächst nicht die Paula vom Erstgespräch wiedererkannte. Es schien, als ob sich Paula jedes Mal ein neues Selbst wie eine Jacke überzog.

2.1.5 Beeinträchtigte Über-Ich-Funktionen

Da es Kindern mit einer BPO nicht möglich war, integrierte Repräsentanzen ihrer wichtigen Objekte zu verinnerlichen, konnte ihnen auch die Internalisierung realistischer elterlicher Gebote und Verbote zu einem stabilen Über-Ich nicht gelingen (Clarkin et al., 2008; P.F. Kernberg et al., 2001). »Das Fortbestehen ›total guter‹ und ›total böser‹ Objektimagines, die nicht zur Integration gebracht werden können, bedeutet auch ein schwerwiegendes Hindernis für die Überich-Integration« (Kernberg, 1980, S. 57). Oft scheinen sich Über-Ich-Strukturen und damit eine Fähigkeit, Schuldgefühle zu erleben, gar nicht entwickelt zu haben.

Der achtjährige Konrad zeigte keinerlei Schuldgefühl, nachdem er mit einem Katapult einem Mädchen einen Stein auf die Wange geschossen und sie damit verletzt hatte. Vielmehr erlebte er sein Verhalten als angemessen, erklärte, das Mädchen habe immer seinen Namen gerufen.

Offensichtlich hatte Konrad das Rufen seines Namens als Angriff erlebt, den er mit Rollenumkehr abwehrte. Ein Gespür für die Unverhältnismäßigkeit seiner Reaktion fehlte ihm völlig. Dementsprechend erlebte er keinerlei Schuldgefühle. Auch antisoziale Tendenzen wie Lügen und Stehlen können unter dem Aspekt eines defizitären Über-Ich gesehen werden.

Die neunjährige Sabrina hatte in ihrer Herkunftsfamilie gemeinsam mit ihren Geschwistern für die Familie Essen stehlen müssen. In ihrer Wohngruppe stahl sie den Mitbewohnern Geld und erfand perfekte Lügen, um den Verdacht von sich abzuwenden. Dabei schien sie sich völlig im Recht zu fühlen.

Es können bei diesen Kindern aber auch primitive Über-Ich-Vorläufer sadistischer Art deutlich werden, die aus den verinnerlichten »total bösen« Objektimagines entstehen: So beschrieben Annas Pflegeeltern ihre wiederkehrenden extrem strengen Selbstanklagen. Anna beschimpfte sich dann als durch und durch schlecht und ohne Berechtigung, zu leben.

Dagegen können in dem überhöhten Selbstwertgefühl von Kindern mit einer narzisstischen Persönlichkeitsstörung Über-Ich-Vorläufer deutlich werden, die aus der Verinnerlichung überidealisierter Teil-Objektrepräsentanzen entstanden sind und sich mit »total guten« Selbstimagines verbinden (P. F. Kernberg et al., 2001). Der dann vielleicht in der Gegenübertragung auftauchende Impuls, dem grandiosen Selbst des Patienten einen Dämpfer geben zu wollen, könnte den abgespaltenen »total bösen« Teil-Objektrepräsentanzen des Patienten entstammen.

Ein externalisiertes Über-Ich, verbunden mit externalisierter Strafangst, zeigt sich bei Kindern, die nur dann brav sind, wenn sie von der

Lehrperson gesehen werden. Hier ist die Entwicklung eines Über-Ich in seinen Vorläufern stecken geblieben.

2.1.6 Weitere Diagnosekriterien

Die nun folgenden Diagnosekriterien werden hier nur verkürzt aufgenommen. Sie sind ausführlicher nachzulesen in Kreft (2018).

Anzeichen von Ich-Schwäche: Mangelnde Angsttoleranz sowie mangelnde Frustrationstoleranz werden deutlich, sobald die gefürchtete zentral abgewehrte Objektbeziehungsdyade aktiviert wird. Dann drohen archaische Ängste diese Patientinnen und Patienten zu überschwemmen, die sie sofort mit Spaltung und Rollenumkehr abwehren. Auch mangelnde Impulskontrolle wird generell als ein Kriterium der Borderline-Persönlichkeitsstörung angesehen. Mit P. F. Kernberg et al. (2001, S. 166) sind wir aber der Meinung, dass es sich dabei weniger um ein Defizit handelt, sondern eher um eine Abwehrstrategie gegen Angst. Oft unkontrollierbar wirkende Aggressionen dienen dem Schutz vor Vernichtungsangst über Rollenumkehr.

Störung der Symbolisierungsfähigkeit: Solange Spaltungsabwehr vorherrscht, sind Kinder mit BPO auch nicht in der Lage zu reifer Symbolisierung, selbst wenn sie intensiv spielen können. Ihr Spiel bildet vielmehr ab, was Segal als »symbolische Gleichsetzung« bezeichnet (1990). Das Symbol hat dann die gleiche emotionale Bedeutung wie das Symbolisierte. Die Handpuppen-Hexe ist die gefährliche Mutter-Repräsentanz und löst die entsprechenden Ängste aus, die oft zum Spielabbruch führen.

Triangulierung gelingt nicht: Kinder mit BPO sind gerade in emotional brisanten Situationen zu innerpsychischer Triangulierung nicht in der Lage (von Klitzing, 2002). Ihre strukturellen Defizite verhindern es, aus einer dritten Position heraus das Geschehen zu betrachten. Wenn die Therapeutin ihr Nachdenken über das gemeinsame Erleben ausspricht, fühlt sich das Kind bedroht, weil die Therapeutin dadurch aus der Dyade aussteigt und sich seiner Kontrolle entzieht. Mit dem Ausruf »Nicht reden, spielen!« übernimmt das Kind dann wieder die omnipotente Kontrolle. Ebenso fühlen sich diese Kinder bedroht, sobald wichtige Bezugspersonen untereinander eine Beziehung aufnehmen und sich ein ödipales Dreieck herstellen könnte, in dem ihrem Erleben nach immer einer von Ausstoßung bedroht ist. Rohde-Dachser (1987) bezeichnet diese Konstellation als »strategischen Ödipuskomplex«.

Realitätsprüfung ist altersabhängig intakt: Im Gegensatz zu Patienten, die sich auf psychotischem Strukturniveau befinden, ist die Realitätsprüfung der Kinder auf dem Strukturniveau der BPO weitgehend intakt, wenn auch brüchig. Es bestehen keine Wahnbildungen oder Halluzinationen, aber die realitätsnahe Wahrnehmung des Anderen ist aufgrund massiver spaltungsbedingter Projektionen kaum möglich. Wie von Bürgin und Meng (2000) sowie von P. F. Kernberg et al. (2001) beschrieben, können psychosenahe Episoden in Form ausgeprägter Phantasietätigkeit mit vorübergehendem Realitätsverlust auftreten.

Auf der Basis dieser Diagnosekriterien kann eine Persönlichkeitsstörung auf dem Strukturniveau der BPO selbst bei Kindern im Vorschulalter sicher diagnostiziert werden.

2.2 Ätiologie

Hinsichtlich der Entstehung einer BPO richten wir unseren Blick auf die Frage, welche Faktoren dazu führen, dass Patienten übermächtig stark aggressiv determinierte Objektbeziehungsdyaden internalisieren, die eine Integration verhindern und damit die Entstehung von Persönlichkeitsstörungen auf dem Strukturniveau der BPO bedingen. Aufgrund unserer bisherigen Behandlungserfahrungen sind wir zu der Einschätzung gekommen, dass Umwelteinflüssen bei der Entstehung einer BPO eine gravierende Bedeutung zukommt. Zugleich berücksichtigen wir den Einfluss konstitutioneller Faktoren, die neben Umweltfaktoren auch in den TFP-Manualen betont werden (Clarkin et al., 2008; Yeomans et al., 2017).

Die TFP geht auf der Grundlage der Objektbeziehungstheorie davon aus, dass sich während der kindlichen Entwicklung in Momenten hoher affektiver Intensität innerpsychische Objektbeziehungsdyaden herausbilden. Momente von starker libidinöser Intensität entstehen beispielsweise in einer innigen Stillsituation, in der das Bedürfnis des Babys nach Nahrung und Nähe befriedigt wird. Solche Erfahrungen bilden die Grundlage für die Internalisierung einer mit libidinösen Affekten verbundenen Dyade zwischen einem zufriedenen Selbst und einem zugewandten Objekt. Dagegen prägen Momente mit hoher aversiver affektiver Intensität – vorstellbar als Momente, in denen der Säugling von Hunger oder Schmerz überwältigt wird – Objektbeziehungsdyaden, in denen ein hilfloses, bedürftiges Selbst mit einem versagenden oder gar misshandelnden Anderen verbunden ist.

Die dominierenden mit aversiven Affekten verbundenen Objektbeziehungsdyaden, die Patienten und Patientinnen mit BPO innerhalb und außerhalb der Therapie reinszenieren, lassen aber keine Schlüsse auf tatsächlich stattgefundene Interaktionen mit frühen Objekten zu. »Es handelt sich vielmehr um Repräsentationen des Selbst und des Anderen, so wie diese in spezifischen, affektintensiven Augenblicken der frühen Entwicklung wahrgenommen und internalisiert und sodann von inneren Kräften […] verarbeitet wurden« (Yeomans et al., 2017, S. 3). In Wechselwirkung mit affektintensiven frühen Interaktionserfahrungen wird in der TFP das Temperament des Säuglings als zentraler Wirkfaktor angesehen: »Temperament ist die konstitutionell bedingte Disposition, auf innere und äußere Stimuli mit einem bestimmten Reaktionsmuster zu antworten. Dieses Muster umfasst die Intensität, den Rhythmus und die Schwelle der affektiven Reaktionen. Konstitutionell bedingte Schwellen für die Aktivierung positiver, lustvoller und belohnender, aber auch schmerzlicher Affekte stellen die wichtigste Verknüpfung zwischen biologischen und psychologischen Persönlichkeitsaspekten dar« (Clarkin et al., 2008, S. 7).

Neurobiologische Forschung belegt, dass neben der genetischen Ausstattung auch Umwelteinflüsse bereits pränatal einen prägenden Einfluss auf das Temperament des Kindes haben und sogar zu vorgeburtlichen Traumatisierungen führen können. Roth und Strüber (2018) beschreiben, dass akute oder frühere traumatische Erlebnisse der werdenden Mutter zu einer chronischen Erhöhung ihres Cortisolspiegels führen, was bereits den Fötus prägt und ihn vor allem in seiner Fähigkeit, mit Stress umzugehen, nachhaltig schädigt. Dies könne zur Herausbildung einer schweren Persönlichkeitsstörung führen. »Das Stressverhalten eines Menschen kann sich […] auf verschiedenen Wegen auf seine Nachkommen übertragen, erstens auf rein genetische Weise durch Vererbung, zweitens über weitergegebene epigenetische, also die Genexpression bestimmende Mechanismen, drittens über vorgeburtliche Einflüsse über den Körper und das Gehirn der werdenden Mutter […], und viertens über den Umgang mit den Nachkommen in deren früher Kindheit« (Roth u. Strüber, 2018, S. 166).

Diepold (1996) beschreibt Unsicherheit und Bedrohung als entscheidende Lebenserfahrungen dieser Kinder. In ihrer auf einer empirischen Untersuchung beruhenden Arbeit (1994) stellt die Autorin belastende Umweltfaktoren von Kindern und Jugendlichen mit Borderline-Diagnose zusammen. Dazu zählen komplexe chronische oder wiederkehrende traumatische Belastungen durch Vernachlässigung und Misshandlungen wie sexueller Missbrauch. Für erwachsene Patienten mit einer Borderline-Persönlichkeitsstörung nennen Roth und Strüber (2018, S. 328) ein ähnliches Ergebnis. Sie geben an, dass 74 Prozent dieser Patienten in ihrer frühen Kindheit von sexuellem Missbrauch oder anderen traumatischen Erfahrungen betroffen waren – gegenüber einem Wert von nur 6 Prozent bei Gesunden.

Dagegen beschreiben P. F. Kernberg et al. (2001) auch Fallbeispiele von Kindern mit BPO, die in intakten Familien aufwuchsen. So reagierte etwa »Herman« (S. 220 ff.) auf die Geburt seines Bruders mit pathologischem Hass. Hier wird das Temperament vermutlich ein zentraler Wirkfaktor gewesen sein. Es ist anzunehmen, dass Herman die normalen Frustrationen, die mit der Geburt eines Geschwisterkindes verbunden sind, als eine Dyade zwischen einem bedürftigen Selbst und einem gefühllosen, desinteressierten Objekt erlebt und internalisiert hat.

Anders als in diesem Beispiel wachsen unserer Erfahrung nach sehr viele der Patienten mit BPO, die schon als Kinder zur Psychotherapie kommen, nicht in ihren Herkunftsfamilien auf. Diese Kinder wurden zumeist aufgrund von Gefährdung des Kindeswohls aus ihren Herkunftsfamilien genommen. Wir gehen davon aus, dass bei ihnen zumeist eine schwere Bindungsstörung zur Mutter bestand, die möglicherweise aufgrund akuter oder vergangener traumatischer Erfahrungen der Mutter wirksam war.

Annas Mutter war psychisch krank und lebte in verwahrlosten Verhältnissen. Anna wurde mit acht Monaten in unterernährtem und ungepflegtem Zustand vom Jugendamt aus der Herkunftsfamilie genommen.
Sophie war nach vier älteren Geschwistern nicht gewollt von der Mutter, die selbst eine Borderline-Diagnose hatte. Wenn Sophie weinte oder nicht schlafen konnte, schrie die Mutter sie an, schlug sie sogar. Zusätzlich reagierten die älteren Geschwister Frustrationen an der Kleinen ab.

Auch andere Kinder, über die wir berichten, teilen ein ähnliches Schicksal. Ihre realen Beziehungserfahrungen waren in einer sie überwältigenden Intensität von aversiven Affekten aufgeladen. Es ist schwer vorstellbar, dass eine günstige biologische Ausstattung sie vor der Entwicklung einer BPO hätte bewahren können. Dennoch muss – wie neurobiologische Forschung belegt – davon ausgegangen werden, dass genetische oder epigenetische Faktoren die Auswirkungen eines Umweltversagens abschwächen oder verstärken können (Strüber, 2018).

Im folgenden Beispiel ist eine Weitergabe traumatischer Erfahrungen sehr deutlich.

Silvans Mutter hatte den Eindruck, ihr sechs Monate alter Sohn sehe sie aggressiv an, und sie reagierte dementsprechend aversiv auf ihn. Sie erlebte Silvan als Abbild ihres eigenen Vaters, der sie misshandelt hatte.

Ein transgenerationaler Einfluss traumatischer Erfahrungen ist auch im folgenden Beispiel gegeben. Hier sind es aber Faktoren wie Verwöhnung und fehlende Grenzsetzung, die zur Herausbildung einer BPO führten.

Zaras Mutter hat bei einer hartherzigen, zwanghaften Mutter eine leidvolle Kindheit erlebt. Ihr Wunschkind Zara wird geliebt und umsorgt und soll es besser haben. Sie fürchtet, dass jedes Nein und jede Grenzsetzung bei Zara zu einer Wiederholung des eigenen frühen Leidens führen würde. So wächst Zara in der Gewissheit heran, dass sich die Welt selbstverständlich nach ihren Bedürfnissen zu richten habe. Alles andere erlebt sie als unzumutbare Härte, gegen die sie sich vehement zur Wehr setzt. Im Kindergarten fällt sie durch herrschsüchtiges und aggressives Verhalten auf. Sie hat eine Borderline-Persönlichkeitsstörung mit starken narzisstischen Zügen entwickelt. In gewisser Hinsicht hat sich die Mutter in ihrer Tochter Zara ein Abbild der eigenen hartherzigen Mutter geschaffen.

Das Beispiel von Zara weist bereits auf Faktoren hin, die die Herausbildung einer narzisstischen Persönlichkeitsstörung fördern. Extrem belastende Umweltfaktoren, die für die Entstehung von Borderline- sowie antisozialen Persönlichkeitsstörungen typisch sind, sind in den Biografien von Kindern mit narzisstischer Persönlichkeitsstörung kaum zu finden. Diese Kinder wachsen in der Regel in ihren Herkunftsfamilien auf, werden aber häufig von ihren Eltern für deren eigene Bedürfnisse instrumentalisiert. Insofern zeigt sich auch hier ein Umweltversagen. P. F. Kernberg et al. (2001, S. 212) beschreiben typische Merkmale von Familien, in denen Kinder mit einer narzisstischen Persönlichkeitsstörung aufwachsen. Sie schildern zum Beispiel eine Mutter, die selbst narzisstisch war, ihr Kind idealisierte und dessen Verletzlichkeit nicht akzeptieren konnte. Eine andere Mutter war unselbstständig und unsicher. Sie brauchte zur Stärkung ihres Selbstwertgefühls ein Kind, das sich absolut perfekt zeigte.

Neben den bisher erwähnten Umweltfaktoren, die in der Regel auf ein Versagen der primären Bezugspersonen zurückzuführen sind, bilden auch schwere Erkrankungen und Behinderungen des Kindes, die mit überwältigenden Schmerzen oder belastenden Behandlungen (z. B. Operationen mit schmerzhafte Folgetherapien) einhergehen, einen Nährboden für die Entwicklung einer BPO. Chethik (1986) schildert eine Untersuchung der Universität Michigan von 15 stationär behandelten Kindern mit Borderline-Störung. In dieser Gruppe zeigte sich eine auffällige Häufung von physischen Erkrankungen während des ersten Lebensjahres: »Die verschiedenen Arten von Schmerz und Unbehagen schienen vom Kind interpretiert als machtvoller aggressiver Angriff von außen, als Erfahrung, dass die Realität qualvoll und ohne Behagen sei« (S. 110, Übersetzung der Autorinnen). Diese Kinder leben zumeist in ihren Herkunftsfamilien, die jedoch durch die psychischen Folgeerkrankungen der Kinder häufig schwer belastet sind.

Abschließend lässt sich sagen, dass es mehrere Faktoren sind, die zur Herausbildung einer BPO führen können. Da sind zunächst belastende Umweltfaktoren in der frühen Kindheit – wie Erfahrungen von Gewalt, Vernachlässigung und Missbrauch –, die von vielen Autoren und auch von uns für maßgeblich erachtet werden. Auch schmerzhafte physische Erkrankungen und Behandlungen während der ersten Lebensmonate können vom Kind mit einer von außen kommenden Gewalterfahrung gleichgesetzt werden. Wie das Kind jedoch die jeweilige Erfahrung erlebt, internalisiert und in auslösenden Situationen reaktiviert, ist abhängig vom Temperament, in das neben biologischen Faktoren aber auch prä- und postnatale Umwelteinflüsse eingehen können.

2.3 Symptomatik

Persönlichkeitsstörungen auf dem Strukturniveau der BPO haben im Kindesalter ein vielfältiges und auch fluktuierendes Erscheinungsbild. Nach Streeck-Fischer (2007) ist die Polysymptomatik, zusammen mit einer tiefgreifenden psychischen Instabilität, als Hauptcharakteristikum dieser Störungsgruppe anzusehen. Überschneidungen mit den Leitsymptomen anderer Störungen bzw. eine ausgeprägte Komorbidität stellen eine differenzialdiagnostische Herausforderung dar, der allein mit klaren Diagnosekriterien, die unter Kapitel 2.1 dargestellt wurden, begegnet werden kann.

Folgende Symptomkomplexe treten häufig bei der BPO auf und kennzeichnen oft das Krankheitsbild der Borderline-Persönlichkeitsstörung (Diepold, 1994; Streeck-Fischer et al., 2018):

- impulsive Aggressivität in Form von massiven Wutausbrüchen;
- selbstschädigendes Verhalten in Form von Haareausreißen und Nägelkauen, Pulen an Wunden oder auch im Sinne einer gesteigerten Unfallgefährdung;
- ängstliches Anklammern an Bezugspersonen mit dem vermittelten Gefühl intensiver existenzieller Bedrohung;
- altersunangemessenes sexualisiertes Verhalten;
- schwere Kontaktprobleme mit Gleichaltrigen und Anpassungsprobleme in Kita und Schule;
- Selbstwertstörung in Form eines ständigen Schwankens zwischen Größenselbstphantasien und Minderwertigkeitsgefühlen;
- Unlust, übermäßige Langeweile und Unfähigkeit, allein zu sein;
- »Leere« (erloschener, »greisenhafter« Ausdruck);
- unter großer Belastung massive Ängste bis hin zur Panik;
- Suizidphantasien.

Auch Persönlichkeitsstörungen *narzisstischer* Ausprägung weisen im Kindesalter eine entsprechende Polysymptomatik auf. Besonderheiten bestehen in:

- einem tiefgreifenden Muster von Großartigkeit und Überlegenheit;
- einer damit korrespondierenden großen Bedeutung von Neid, Feindseligkeit und Konkurrenz in den Beziehungen;
- ausgeprägten Gefühlen von Misstrauen und Angst vor Beschämung und Demütigung;
- Selbstzweifeln und gestörter Selbstwahrnehmung;

- einer Unfähigkeit, zu lernen, als Folge einer Leugnung, auf Lernen angewiesen zu sein.

Frühe Anzeichen einer Persönlichkeitsstörung *antisozialer* Ausprägung zeigen sich bei Kindern auf der Symptomebene als:
- umfassende Missachtung sozialer Verpflichtungen und Regeln, etwa in Form von Weglaufen und Schulschwänzen;
- Grausamkeit gegenüber Tieren;
- ausgeprägte Neigung zu Gewalt;
- extremer Mangel an Empathie und Schuldgefühlen;
- Gestaltung affektflacher Pseudobeziehungen.

Begleitet werden kindliche Persönlichkeitsstörungen auf dem Strukturniveau der BPO häufig von funktionellen Beschwerden (Enuresis; gestörte, bisweilen bizarre Motorik; Essstörungen; Bauchschmerzen; Schlafstörungen) und von Beeinträchtigungen des Lern- bzw. Schulerfolgs wegen Konzentrations-, Aufmerksamkeits- und Teilleistungsstörungen.

3 Das TFP-Behandlungsmodell für die Arbeit mit Kindern

3.1 Strategische Prinzipien der TFP – Die Arbeit mit den Objektbeziehungsdyaden

Die strategischen Prinzipien der TFP, die für erwachsene Patientinnen und Patienten entwickelt wurden, gelten auch für die Behandlung von Kindern mit BPO. Es geht dabei um:

1. Beobachten und Definieren der dominanten Objektbeziehungsdyaden;
2. Beobachten und Deuten der Rollenumkehrungen in der Dyade;
3. Beobachten und Deuten der sich gegenseitig abwehrenden aggressiven und libidinösen Dyaden;
4. Durcharbeiten der Fähigkeit des Patienten, eine Beziehung in der Übertragung anders wahrzunehmen, und Untersuchung seiner übrigen wichtigen Beziehungen (Yeomans et al., 2017, S. 55 ff.).

Ein großer Unterschied zur Arbeit mit Erwachsenen besteht darin, dass Kinder ihre Objektbeziehungsdyaden und Abwehrstrategien in der Übertragungsbeziehung auf andere Weise darstellen. Sie zeigen dabei mehrere Arten der Inszenierung:

- Das Kind spielt allein und schließt den Therapeuten, die Therapeutin aus.
- Das Kind spielt allein, aber nötigt den Therapeuten, sich mit einer bestimmten Spielfigur zu identifizieren.
- Das Kind spielt gemeinsam mit dem Therapeuten mit Spielfiguren.
- Das Kind inszeniert ein Rollenspiel mit dem Therapeuten.
- Das Kind agiert, ohne zu spielen.

Im Folgenden soll anhand von Beispielen verdeutlicht werden, wie die strategischen Prinzipien in der TFP mit Kindern angewandt werden können entsprechend der unterschiedlichen Weise, in der Kinder ihre Objektbeziehungsdyaden in der Übertragung inszenieren.

3.1.1 Beobachten und Definieren der dominanten Objektbeziehungsdyaden

Zunächst geht es darum, die Inszenierungen des Patienten zu beobachten und zu tolerieren sowie die ausgelösten Gegenübertragungsgefühle zuzulassen, auszuhalten und zum Verstehen zu nutzen. Auf diesem Weg wird es dem Therapeuten oder der Therapeutin möglich, die dominanten Objektbeziehungsdyaden zu erkennen und die darin enthaltenen Repräsentanzen zu benennen.

Zu Beginn ihrer Therapie schließt Anna die Therapeutin über lange Zeit aus ihren Spielen aus und ignoriert sie. Sie dreht das Puppenhaus so, dass die Therapeutin nichts sehen kann, reagiert nicht auf ihre Ansprachen oder erwidert auf ihre Fragen in barschem Ton: »Das musst du nicht wissen.« Die Therapeutin fühlt sich wie ein lästiges, unerwünschtes Kind. Therapeutin: »Frau Kreft soll nichts sehen und nichts hören von dir, als wäre es am besten, wenn sie gar nicht da wäre.« In Annas Spielen wird das Baby misshandelt, steckt im Klo, stürzt vom Dach. Elternfiguren wirken desinteressiert. Die Therapeutin erlebt das Leid des nicht beschützten, misshandelten Kindes. Therapeutin: »So Schlimmes passiert dem Kind immer wieder, und keiner hilft.«

In dieser frühen Phase werden die Dyaden benannt, aber sie werden in der Regel noch nicht der Patientin oder dem Patienten zugeordnet, und die darin enthaltene Abwehrstrategie wird noch nicht betont.

Der vierjährige Victor spielt gemeinsam mit der Therapeutin mit Spielfiguren. Dabei teilt er der Therapeutin kleine Tierkinder zu, die zunächst im Sandkasten fröhlich zusammen spielen sollen. Sie werden dann regelmäßig von wilden Tieren, Monstern oder Panzern vernichtet, die Victor selbst lustvoll spielt. Als dominante Objektbeziehungsdyade benennt die Therapeutin: »Es gibt hier immer nur die großen, mächtigen ganz Gefährlichen und die kleinen, hilflosen Schwachen, die gar nicht überleben können« (ausführliche Kasuistik bei Kreft, Köpp u. Kernberg, 2014).

3.1.2 Beobachten und Deuten der Rollenumkehr in der Dyade

Wie in Kapitel 2.1.2 beschrieben, zeigt sich Rollenumkehr als typische Abwehrstrategie von Patienten mit BPO. Dabei identifizieren sie sich mit der aggressiven Objektrepräsentanz und spalten gleichzeitig die schwache, ausgelieferte Selbstrepräsentanz ab, die sie über projektive Identifizierung im Objekt unterbringen. In dem oben geschilderten Spiel von Victor, in dem er die Tierkinder vernichtet, ist die Abwehr über Rollenumkehr bereits enthalten. In ähnlichen Situationen formuliert die Therapeutin: »Wenn du zu den ganz Starken gehörst, musst du gar keine Angst haben, dass dir was Schlimmes passiert. Das ist wie zum Schutz.« Victor: »Ja, mir gefällt es.«

Wenn Anna, wie bereits beschrieben, eine Babypuppe mit einem triumphierend-lauerndem Blick zur Therapeutin fallen lässt, ist sie mit der sadistischen Täter-Objektrepräsentanz identifiziert und zwingt die Therapeutin, sich mit der abgespaltenen Selbstrepräsentanz des misshandelten Kindes zu identifizieren. Annas dominanter Affekt ist hier sadistische Aggression. Die Therapeutin deutet die Rollenumkehr: »Dir macht es solchen Spaß, das Baby zu quälen, weil du so gern siehst, wie sehr mir das arme Baby leidtut.«

Über lange Zeit inszeniert Anna am Stundenende im schnellen Rollenwechsel ihre zentral verinnerlichte Täter-Opfer-Dyade. Sobald die Therapeutin das Stundenende ankündigt, erlebt Anna sie als boshaften, willkürlichen Täter und sich als ausgeliefertes Opfer. Dann wird Anna zum Täter, wenn sie den Therapieraum verwüstet, und wieder zum Opfer, wenn die Therapeutin sie gewaltsam aus der Tür schiebt. Die Therapeutin kommentiert: »Ich weiß, du findest mich so gemein, wenn ich die Stunde beende. Dann machst du schnell selbst all die gemeinen Sachen, damit ich mich ärgern muss. Und gleich bin ich wieder die Gemeine, wenn ich dich aus der Tür schiebe.« Im Flur trampelt Anna dann laut und schlägt auf die Lichtschalter, um die Opferrolle wieder loszuwerden.

Im Vorgespräch berichtet eine Erzieherin im Beisein der neunjährigen Lara von deren Wutausbrüchen in der Wohngruppe. Therapeutin zu Lara: »Vielleicht können wir in unseren Stunden zusammen verstehen, wovor du dich schützt mit deiner Wut. Bevor du so wütend wirst, gibt es vielleicht noch ein anderes Gefühl in dir, was du gar nicht haben willst?«

3.1.3 Beobachten und Deuten der sich gegenseitig abwehrenden aggressiven und libidinösen Dyaden

Während sich Rollenumkehr auf die Abwehr innerhalb ein und derselben Dyade bezieht, verweist Spaltung »auf eine unüberbrückbare Kluft zwischen einer vollständig von negativem, hasserfülltem Affekt durchdrungenen Dyade und einer von positivem, liebevollem Affekt durchdrungenen idealen Dyade. Diese Dyaden existieren nebeneinander, bleiben aber strikt voneinander getrennt« (Yeomans et al., 2017, S. 64). An dieser Stelle verweisen die Autoren auch darauf, wie wichtig es ist, dem Gefühl des Patienten, geliebt und umsorgt zu werden, das sich oft nur in kurzen, sehnsüchtigen Momenten zeigt, große Aufmerksamkeit zu schenken: »Indem er [der Therapeut] dem Patienten hilft, sich seiner inneren Möglichkeit, zu lieben statt zu hassen, bewusst zu werden, hilft er ihm gleichzeitig, die Intensität seines Hasses als einen verzweifelten Versuch zu verstehen, die Sehnsucht nach Liebe zu verbergen, um sie davor zu bewahren, zerstört zu werden, sobald sie ans Licht kommt« (S. 64 f.).

Nadine kommt oft so belastet in die Therapiestunde, dass sie die Dyade mit einer ausgelieferten, hilflosen Selbstrepräsentanz und einer als gefährlich erlebten Objektrepräsentanz sofort mit Rollenumkehr abwehren muss. Sie beginnt dann zu provozieren, sobald sie das

Therapiezimmer betritt, beschimpft die Therapeutin, reißt an den Gardinen, greift schließlich die Therapeutin tätlich an. Gleichzeitig spürt diese die große Bedürftigkeit der Patientin. Die Therapeutin versucht zunächst, mit einer Deutung der Rollenumkehr ein weiteres Agieren aufzuhalten: »Nadine, du weißt, wie das weitergeht: Wenn du nicht aufhörst, muss ich dich mit Kraft festhalten, und dann bin ich die Starke und du fühlst dich schwach.« Aber es läuft fast immer darauf hinaus, dass die Therapeutin die Täterrolle übernehmen muss. Dennoch ist es zum Ende der Stunde oft möglich, in Ruhe zusammenzusitzen, und die Therapeutin kann die Spaltung zwischen der aggressiven und der libidinösen Dyade ins Blickfeld rücken: »Das ist schön, wenn wir so friedlich zusammensitzen. Das vergisst du ganz, wenn du so wütend bist.« Oder: »Wenn du so wütend kommst wie heute, dann darf es gar nichts Gutes zwischen uns geben.«

Auch bei Annas Agieren am Stundenende benennt die Therapeutin neben dem Rollenwechsel ein Zusammengehören der sich gegenseitig abwehrenden aggressiven und libidinösen Dyaden: »Du denkst jetzt, Frau Kreft ist eine böse Frau Kreft, weil ich die Stunde beende. Aber ich bin doch dieselbe, die eben noch mit dir gespielt hat.«

Während der gesamten Therapie ist es wichtig, neben der Anerkennung einer aggressiv determinierten Objektbeziehungsdyade auch eine mögliche libidinöse Dyade zu betonen. Etwa: »Aber ein Baby braucht doch Eltern, die es beschützen.« Oder: »Wer könnte denn bloß den kleinen Tierkindern helfen gegen die Panzer?« Oder: »Das Baby kann vielleicht noch gar nicht glauben, dass es wirklich Eltern gibt, die helfen.«

3.1.4 Durcharbeiten der Fähigkeit des Patienten, eine Beziehung in der Übertragung anders wahrzunehmen

Während die ersten drei strategischen Prinzipien schon von Therapiebeginn an therapeutisch genutzt werden, rückt diese vierte Strategie der TFP erst ab der mittleren Behandlungsphase ins Blickfeld.

Wir werden daher in Kapitel 5.2 darauf eingehen. Ebenso wird in den Kapiteln zu den Behandlungsphasen gezeigt werden, wie die Anwendung der strategischen Prinzipien im Verlauf der Behandlung die Integration der gespaltenen Repräsentanzen ermöglicht.

3.1.5 Zur Arbeit mit den Bezugspersonen

Auch in der begleitenden Psychotherapie der Eltern bzw. der Bezugspersonen wird mit den beschriebenen Strategien gearbeitet. Auch hier geht es um die Objektbeziehungsdyaden, die zwischen jedem Elternteil bzw. jeder wichtigen Bezugsperson und dem kindlichen Patienten inszeniert werden. Auch hier müssen die Dyaden beobachtet, in ihrem Abwehrcharakter verstanden und den Bezugspersonen zugänglich gemacht werden. Dies ist umso wichtiger, je niedriger das Strukturniveau der Bezugspersonen einzuordnen ist. Wenn eine Mutter den Blick ihres Babys als aggressiven Angriff erlebt, wie im Beispiel Silvan in Kapitel 2.2 beschrieben, wird deutlich, dass sie hier eine eigene dominante Objektbeziehungsdyade wiederbelebt. Wird dieses Muster nicht verstanden und aufgelöst, hat die Psychotherapie des Kindes kaum eine Chance auf Erfolg.

Ebenso müssen die Dyaden, die sich zwischen wichtigen Bezugspersonen und der Therapeutin oder dem Therapeuten herausbilden, beobachtet und bearbeitet werden, vor allem dann, wenn sie den Therapieerfolg gefährden oder gar zu einem Abbruch der Behandlung führen könnten. Diese Gefahr könnte beispielsweise bestehen, wenn ein Vater auf den Therapeuten eine kritische, ablehnende Elternfigur projiziert, an der er sich nun in Rollenumkehr rächen möchte. Typische Eltern-Therapeuten-Dyaden wurden von Kehr und Köpp (2018, S. 47 f.) ausführlich beschrieben.

3.2 Technische Neutralität als therapeutische Haltung

Die Wahrung der technischen Neutralität ist eine zentrale Technik der TFP. Nach Clarkin et al. (2008, S. 58) meint der Begriff technische Neutralität die Einhaltung »eine[r] therapeutische[n] Position gleich bleibende[r] Distanz zu Selbst- und Objektrepräsentanzen, die miteinander in Konflikt stehen, sowie zu abgespaltenen nur-guten und nur-bösen dyadischen Einheiten«. Der Begriff suggeriert emotionale Gleichgültigkeit, bedeutet aber, im Umgang mit den Patienten interessiert und aufmerksam zu sein, nicht zu werten und nicht Partei zu ergreifen für eine bestimmte Seite im Patienten. Das sadistische Kind wird genauso wahr- und angenommen wie das leidende Kind. Technische Neutralität muss aufgegeben werden, sobald selbst- oder fremdgefährdendes Verhalten droht. Es kann aber auch passieren, dass die Therapeutin ungewollt durch eigenes Agieren davon abweicht.

In jedem Fall muss das Verlassen der technischen Neutralität markiert werden, beispielsweise: »Jetzt habe ich dich richtig angeschrien und dich am Arm festgehalten, weil du das Fenster aufgemacht und dich hinausgelehnt hast. Da habe ich Angst um dich gekriegt und bin auch wütend geworden.«

Anschließend wird dann wieder auf dem Boden der technischen Neutralität an den inszenierten Dyaden gearbeitet. Therapeutin: »Ich glaube, es hat dir gerade gefallen, dass du so mächtig warst, mich in Angst und Schrecken versetzt hast und auch dass ich mich um dich sorge.«

»Die technische Neutralität steht im Dienste eines darunterliegenden und noch wesentlich bedeutsameren Aspekts der therapeutischen Haltung, nämlich der Fähigkeit zur *Rollenübernahme* und zum *Containment*« (Doering, 2016, S. 37).

4 Vorbereitung der Behandlung

4.1 Diagnostik und Differenzialdiagnostik

In einem umfangreichen Prozess, der sich an den Diagnosekriterien (siehe Kapitel 2.1) orientiert, wird geprüft, ob eine Persönlichkeitsstörung auf dem Strukturniveau der BPO vorliegt. Darüber hinaus umfasst das Verfahren folgende Aspekte:

- Einschätzung des Ausmaßes der psychosozialen Beeinträchtigung des Kindes;
- Überprüfung der Behandlungsmotivation und des subjektiven Leidensdrucks des Kindes und seiner Bezugspersonen;
- Einschätzung der Ressourcen des Kindes und seines Umfelds;
- Überprüfung möglicher Ausschlusskriterien wie fehlende Umstellungsfähigkeit/-bereitschaft der Bezugspersonen oder fortbestehende Sorgerechtsstreitigkeiten.

Eine ausführliche Checkliste für die Diagnostik kann bei den Autorinnen angefordert werden.

Im diagnostischen Prozess wird den Eltern bzw. Bezugspersonen zunächst das Vorgehen erklärt und transparent gemacht. Sie werden aufgefordert, alle Informationen beizusteuern, die für die Behandlung des Kindes wichtig sein könnten, aber auch Fragen zu stellen sowie Vorbehalte und Einwände anzusprechen. Die Möglichkeit, gegebenenfalls weitere Bezugspersonen aus dem Umfeld des Patienten, der Patientin in die Diagnostik mit einzubeziehen, wird thematisiert. Auch wird das Thema der Schweigepflicht und ihrer Ausnahmen erörtert. Der diagnostische Prozess folgt weitgehend dem Muster der psychodynamischen Anamnesenerhebung.

Wegen der hohen Komorbidität und Symptomüberlappung mit anderen psychischen Störungen ist die Differenzialdiagnostik bei Kindern mit BPO nicht einfach. Zu beachten ist die Abgrenzung von den in der Kindheit und Jugend beginnenden externalisierenden Störungen wie ADHS und von der Störung des Sozialverhaltens als möglicherweise wichtiger Vorläuferdiagnose für die erst im Erwachsenenalter zu diagnostizierende antisoziale Persönlichkeitsstörung (P. F. Kernberg et al., 2001).

Die Unterscheidung von der autistischen Störung zeigt sich vor allem in den qualitativen Auffälligkeiten der Kommunikation. Anders als Kinder mit BPO sind Kinder mit Autismus-Störungen kaum bis gar nicht in der Lage, Blickkontakt, Mimik, Körperhaltung und Gestik zur Regulation sozialer Interaktionen zu verwenden. Häufig verfügen sie auch nur über einen stereotypen Wortschatz und stereotype Interessen. Essstörungen, Wutausbrüche und autodestruktives Verhalten hingegen zeigen sich sowohl bei Kindern mit autistischer Störung als auch bei Kindern mit Persönlichkeitsstörungen auf dem Strukturniveau der BPO.

Um die Borderline-Persönlichkeitsstörung (BPS) von einer schizophrenen Entwicklung zu unterscheiden, ist darauf zu achten, ob die dissoziative Symptomatik kurzzeitig und unter starker Belastung auftritt (wie bei der BPS) oder ohne wahrnehmbaren Auslöser und anhaltender (wie bei der Schizophrenie). Bei Kindern mit einer BPS ist die Differenzierung zwischen Selbst- und Objektrepräsentanzen grundsätzlich intakt. Bei Kindern mit einer schizophrenen Erkrankung hat sie nicht stattgefunden oder ist wieder aufgegeben worden. Ein weiteres Kriterium für die diagnostische Einschätzung ist die Fähigkeit zur Realitätsprüfung. Diese ist bei Kindern mit einer BPS zwar oft brüchig, aber vorhanden. Bei Kindern mit einer Schizophrenie ist sie nicht gegeben (Streeck-Fischer, 2016).

Am schwierigsten ist die Abgrenzung von einer posttraumatischen Belastungsstörung. Wie im Kapitel 2.2 ausgeführt, finden sich in den Lebensgeschichten fast aller Kinder mit einer Borderline-Persönlichkeitsstörung traumatische Belastungen mit massiven Folgen für ihre Entwicklung.

4.2 Feststellung der TFP-Behandlungsindikation

Wurde beim Kind eine Persönlichkeitsstörung auf dem Strukturniveau der BPO diagnostiziert, hängt die Indikation zur TFP von den Voraussetzungen ab, die die Bezugspersonen mitbringen. Kinder mit einer BPO haben häufig keinen unmittelbaren Leidensdruck und daher wenig Krankheitseinsicht, sodass der Wunsch nach einer Therapie in der Regel nicht vom Kind, sondern von den Bezugspersonen ausgeht. Dennoch leiden die Kinder meist unter den eskalierenden Konflikten zu Hause. Meist zeigen sie ihre grundlegenden Konflikte schon im Erstgespräch. Das Kind selbst erfasst oft intuitiv, ob der Kontakt zur Therapeutin oder zum Therapeuten ihm einen Möglichkeitsraum eröffnet.

Der siebenjährige Dennis baut eine hohe Mauer im Sandkasten. Auf der einen Seite befinden sich »die Guten«, auf der anderen Seite »die Bösen«. Als ihn die Therapeutin fragt, ob die Mauer die Guten vor den Bösen schützt und dafür sorgt, dass keiner von den Bösen zu den Guten hinüberkann, um sie zu vernichten, nickt Dennis und wirkt sichtlich erleichtert, dass die Therapeutin »das Problem« und damit seinen grundlegenden Konflikt erkannt hat.

Die Bezugspersonen sollten die Bereitschaft und Fähigkeit zeigen, den vereinbarten therapeutischen Rahmen einzuhalten und das Kind verlässlich zu seinen Terminen zu bringen. Zudem sollten sie ansatzweise dazu in der Lage sein, ihre durch das Verhalten des Kindes ausgelösten heftigen Affekte, die oft mit eigenen biografischen Themen korrespondieren, mit der Therapeutin oder dem Therapeuten zu besprechen und zu bearbeiten. Auch eine hinreichende Fähigkeit, sich in die psychische Situation des Kindes hineinzuversetzen, ist Voraussetzung, um mit ihnen gemeinsam förderliche Strategien für eine bessere Bewältigung des Alltags entwickeln zu können.

Lebt das Kind bei Eltern, deren eigene Pathologie das familiäre Klima kontinuierlich belastet, ist davon auszugehen, dass die internalisierten Objektbeziehungsdyaden des Kindes weiterhin bestätigt werden. Die Bereitschaft und Fähigkeit der Eltern zur Umstellung ist daher Dreh- und Angelpunkt für eine Indikation. Sind sie zu einer solchen Umstellung nicht in der Lage, besteht eine Kontraindikation für TFP, solange das Kind weiter in den pathogenen Verhältnissen lebt. Aber auch in Pflege- oder Adoptivfamilien oder in Wohneinrichtungen können krank machende Bedingungen vorherrschen. Dies ist in entsprechender Weise zu beobachten und zu berücksichtigen.

Besteht die Indikation zu einer TFP des Kindes, so gilt es, den Bezugspersonen das Therapieverfahren zu erläutern und zu erklären, warum dieses Verfahren für die Problematik und Symptomatik des Kindes geeignet ist. Die Rahmenbedingungen für die Therapie werden in der Vertragsphase geklärt.

4.3 Vertragsphase: Klärung der Rahmenbedingungen und Vertragsvereinbarung

Der Therapierahmen dient dem Schutz des Patienten, dem Schutz des Therapeuten sowie dem Schutz des Verfahrens und wirkt zudem als triangulierende Instanz. »Unter Bezugnahme auf den Rahmen regulieren Therapeut und Klient ihre Beziehung« (Grieser, 2004, S. 86).

Bereits während der Sprechstunden und probatorischen Sitzungen werden die Rahmenbedingungen für die Durchführung der Psychotherapie erfasst (Kehr u. Köpp, 2018). Sie werden mit den Eltern bzw. Bezugspersonen besprochen. Offene Fragen und Bedenken werden ausführlich geklärt. Auf diese Weise sollen potenzielle die Therapie gefährdende Konflikte bedacht und gemildert werden. Abschließend werden in einer mündlichen Vertragsvereinbarung die Rahmenbedingungen der Therapie für alle an der Therapie Beteiligten festgehalten. Mit dem Kind selbst werden, seinen Möglichkeiten entsprechend, ebenfalls Absprachen getroffen.

Ein günstiger Therapieverlauf hängt wesentlich von der Motivation der Bezugspersonen ab, die Therapie über den gesamten Zeitraum unterstützend zu begleiten. Für die Überprüfung der Motivation der Bezugspersonen ist es wichtig, das Potenzial möglicher Verstrickungen sowie die Gefahr des Agierens einzuschätzen:

- Wenden sich die Bezugspersonen auf Druck einer Institution wie Kindergarten, Schule, Klinik, Kinderärztin oder aus eigenem Wunsch an den Therapeuten?
- Suchen sie Entlastung vor allem für sich oder sind sie vor allem um das Wohl ihres Kindes besorgt?
- Dient die Therapie des Kindes unbewusst der Verdrängung des eigenen Paarkonflikts?
- Wo in der Lebenswelt des Kindes liegt der Ort der primären Pathologie: Ist das Kind Indexpatient und manifestiert sich bei ihm die Familienpathologie, oder ist die Familie durch die Pathologie des Kindes beeinträchtigt?

Die Resultate dieser Überlegungen haben Einfluss auf die besonderen Inhalte der Vertragsvereinbarung. Grundsätzlich dient die Vertragsvereinbarung folgenden Aspekten:

- Klärung von Zuständigkeiten (auch juristischen, bei Fremdunterbringung oder getrennt lebenden Eltern);
- Eingrenzen des Agierens aller Beteiligten;
- Besprechen der Schweigepflicht und anderer datenschutzrelevanter Aspekte;
- Besprechen der Ausnahmen von der Schweigepflicht. Ausnahmen sind: Suizidalität, schweres selbst- und fremdschädigendes bzw. antisoziales Verhalten sowie Mitteilung über Therapietermin-Versäumnis, sofern das Kind allein zur Therapie kommt;
- Vereinbarung eines Bereitstellungshonorars;
- Aushandeln der Verantwortlichkeiten aller Beteiligten.

Die Verantwortlichkeiten der Beteiligten werden im Folgenden beschrieben.

Verantwortung der Bezugspersonen: Die Bezugspersonen haben dafür zu sorgen, dass das Kind regelmäßig und pünktlich zu seinen

Stunden gebracht und wieder abgeholt wird. Sie verpflichten sich, die begleitenden Elterngespräche verlässlich wahrzunehmen und dem Therapeuten bedeutsame Lebensereignisse mitzuteilen. Sie erklären sich bereit, Veränderungen in der Lebensplanung, die das Kind betreffen, rechtzeitig mit dem Therapeuten zu besprechen. Sie informieren den Therapeuten über Absprachen mit wichtigen Personen aus dem Umfeld des kindlichen Patienten. Dazu gehören auch Informationen über Medikamente, die das Kind nimmt oder nehmen soll.

Verantwortung des Therapeuten: Der Therapeut verpflichtet sich, mit den Bezugspersonen die Therapietermine und Ferienzeiten abzustimmen und die vereinbarten Sitzungen verlässlich durchzuführen. Er bemüht sich nach besten Kräften, dem Kind eine altersangemessene Entwicklung zu ermöglichen. Er bespricht mögliche Erwartungen an ihn als Bündnispartner. Er klärt darüber auf, dass eine Psychotherapie Veränderungen im Familiensystem mit sich bringen wird, etwa wenn das Kind bisher Indexpatient der Familie war. Er ermittelt, welche internen Hausregeln es in der Familie gibt und wie diese durchgesetzt werden.

Lebt das Kind nicht in der Herkunftsfamilie, ergeben sich für die Klärung der Rahmenbedingungen und für die Vertragsvereinbarung zusätzliche Bedingungen. Der Therapeut klärt unbedingt, bei wem Sorgerecht, Aufenthaltsbestimmungsrecht und Gesundheitsfürsorge liegen. Er erfragt, ob es Sorgerechtsstreitigkeiten gibt, ein Scheidungsverfahren anhängig ist und welche Besuchs- und Umgangsregelungen bereits getroffen wurden. Es ist wichtig, festzulegen, wer der Hauptansprechpartner für den Therapeuten ist und wie Informationen untereinander weitervermittelt werden sollen.

Lebt das Kind in einer Einrichtung, verschafft sich der Therapeut einen Eindruck darüber, ob die Unterbringung für das Kind geeignet ist, und vereinbart, dass Absprachen getroffen werden, falls das Kind in eine andere Einrichtung wechseln soll. Er bespricht mit den Betreuenden den Umgang mit den Eltern bzw. den jeweiligen Elternteilen und erläutert mögliche Übertragungskonstellationen (Koalitionen, Loyalitäten, Vereinnahmungen, Ausgrenzungen). Er weist auch auf die Gefahr von Spaltungsvorgängen hin (innerhalb der Wohngruppe, innerhalb des Betreuerteams) und klärt darüber auf, dass es während der Therapie zu Veränderungen der Gruppendynamik innerhalb der Einrichtung kommen kann.

Er teilt den Bezugspersonen die Grenzen seines Engagements mit (keine Telefonate außerhalb der Praxiszeiten, keine fraglose Inanspruchnahme für Lehrergespräche oder Helferkonferenzen). Er erklärt, dass er die Therapie gegebenenfalls beenden würde, wenn die Bezugspersonen keinerlei Bereitschaft zeigen, etwas an ihrem eigenen Verhalten oder an den Lebensumständen des Kindes zu verändern.

Der Therapeut muss das Einverständnis der Bezugspersonen bzw. der Sorgerechtsträger im Behandlungsvertrag einholen, dass ihm eine Kontaktaufnahme und gegebenenfalls ein regelmäßiger Austausch mit Lehrkräften, Erzieherinnen und anderen wichtigen Personen im Umfeld des Kindes gestattet wird. Anders als üblicherweise in unseren Kinderpsychotherapien ist diese Vernetzung der Therapie mit dem Umfeld des Kindes ein wichtiger Bestandteil der TFP.

Der Therapeut, die Therapeutin sollte sich darauf einstellen, dass es während der laufenden Therapie immer wieder zu Verletzungen des Therapierahmens kommen wird und dass die Vertragsvereinbarungen dann erneuter Aushandlung und Festlegung bedürfen. Damit die Therapie einen günstigen Verlauf nehmen kann, müssen Regelüberschreitungen mit dem Kind oder den Bezugspersonen thematisiert und bearbeitet werden. Das Ringen um die Einhaltung des Vertrages ist also ein ständiger Prozess.

4.4 Vernetzung mit dem Bezugssystem

Bereits im diagnostischen Prozess ist auf die Wechselwirkung zu achten, die in der Regel zwischen dem pathogenen Einfluss des familiären Umfelds auf die Entwicklung des Kindes und der Belastung des Umfelds durch die Störung des Kindes besteht. Wenn Kinder mit BPO in der ambulanten Praxis vorgestellt werden, ist es allerdings –

wie bereits erwähnt – zuvor schon oft zu einer Herausnahme aus der Familie und zu einer Fremdunterbringung gekommen. Um eine den Rahmen der therapeutischen Beziehung stützende Vernetzungsstruktur in der äußeren Realität der Patientin oder des Patienten zu gewährleisten, bezieht die TFP neben den unmittelbaren Bezugspersonen auch die Betreuungspersonen in den Einrichtungen der Fremdunterbringung und maßgebliche Bezugspersonen aus den Bereichen Familienpflege, Schule und medizinische Versorgung mit ein. Diese Vernetzung ist der Schweigepflicht und dem Gebot größtmöglicher Transparenz unterworfen.

Das sich im Umgang mit den Kindern vermittelnde Ausmaß an Störung und psychischem Schmerz wird häufig auch auf professioneller Ebene durch mütterlich-überfürsorgliches oder rigide-strafendes Verhalten abgewehrt. »Die spezielle narzisstische Empfänglichkeit von Helfern für die Idealisierung durch Patienten und das Angebot einer ›speziellen Beziehung‹ fördert eine komplementäre Gegenübertragungseinstellung der Teammitglieder, die zu einer gemeinsamen Realitätsverzerrung mit den Patienten, zu Machtkämpfen und einer Spaltung des Teams führen kann« (Lohmer, 2013, S. 192 f.). Aufgabe der Therapeutin, des Therapeuten ist es, diese Affektstürme mit den jeweils Beteiligten aufzufangen und auszudifferenzieren, um Spaltungsprozesse einzudämmen. Da impulsiv-aggressives und regelverletzendes Verhalten einen wesentlichen Teil der Symptomatik gerade der jüngeren Kinder ausmacht, werden diese zu Hause oder in ihrem Lebensumfeld häufig sanktioniert. Um mit dem Kind in der Therapie ein Verständnis für die dynamischen Zusammenhänge von Regelverletzung und Strafmaß erarbeiten zu können, sind die Transparenz von Regeln und die Nachvollziehbarkeit ihrer Durchsetzung in den jeweiligen Bereichen wichtige Voraussetzung für alle am Therapieprozess Beteiligten. Nur so wird das Kind im Verlauf der Behandlung zur Verantwortungsübernahme und Wiedergutmachung befähigt.

Nach einem für diese Kinder oft schon problematischen Besuch einer Kindertagesstätte stellt die Schule, die nun den Hauptort ihres Lebensalltags ausmacht, für sie eine enorme psychische und soziale

Belastungsprobe dar. Kinder mit BPO sind häufig bereits durch Fremdunterbringung stigmatisiert und fallen zusätzlich durch ihr schwer zu begrenzendes impulsives Verhalten auf. Ihre ausgeprägte Ich-Schwäche hat zusätzlich Auswirkungen auf den kognitiven Bereich. Oft gelten diese Kinder schon kurz nach der Einschulung als potenzielle »Versager« oder »Systemsprenger« und scheitern bereits früh an den kanonisierten Leistungsanforderungen der Regelschule und der Art und Weise, wie diese an sie herangetragen werden. In der Lehrerschaft fehlen meist Fachkenntnisse über kindliche psychische Störungen, insbesondere die Borderline-Störung. Selten gibt es das Angebot von Fachsupervision, oft fehlen zeitliche und finanzielle Kontingente für Fortbildungen.

Um Kinder mit einer BPO bei der Bewältigung ihrer vielfältigen Probleme im Alltag zu unterstützen und vorhandene Ressourcen zu fördern, ist während der Therapie häufiger als bei Jugendlichen der Einsatz supportiver Techniken notwendig, die möglichst in der Vernetzungsgruppe zuvor abgesprochen wurden, wie beispielsweise:

- Benachrichtigungen über Aufbruch bzw. Ankunft zwischen Eltern/Betreuenden und Therapeutin des Kindes, das (vielleicht erstmals) Wege allein bewältigt;
- ein artikuliertes Interesse der Therapeutin an den Schulaufgaben des Kindes (möglicherweise durch gemeinsames Besichtigen der Schulhefte etc.);
- Erarbeiten von Bewältigungsmechanismen (Rituale wie Gute-Nacht-Geschichte);
- Bestärken von »richtiger« Wahrnehmung und die Korrektur von »verzerrter« Wahrnehmung;
- besondere Regelungen mit den Bezugspersonen oder älteren Kindern während der Urlaubszeiten der Therapeutin, beispielsweise auf einen bestimmten Tag festgelegter telefonischer oder schriftlicher Kontakt;
- regelmäßiges Feedback der Lehrkräfte an das Kind;
- regelmäßige Rückmeldungen der Lehrkräfte an die Therapeutin über Verhalten und Leistungsniveau des Kindes in der Schule, die mit dem Kind besprochen werden;

- regelmäßige Absprachen zwischen der kinderpsychiatrischen Praxis und der Therapeutin (z. B. über Wirkungen, Nebenwirkungen und Veränderungen der Medikation);
- Teilnahme an Helferkonferenzen und Vernetzungstreffen.

Viele verschiedene Objekte ermöglichen eine Vielzahl verschiedener Objektbeziehungen. Gerade bei einem Kind mit BPO sind die verschiedenen Objektbeziehungseinheiten aber kaum integriert. Seine verschiedenen Beziehungen zu den verschiedenen Beteiligten seines Helfersystems repräsentieren gegensätzliche Teil-Objektbeziehungen. So kommt es dann unter der unbewussten »Regie« des Kindes auf der »Bühne« des Helfersystems wie in einem Theater zur Darstellung seines pathogenen Konflikts (Lohmer, 2013). Kernberg (1981) hat darauf hingewiesen, dass unstrukturierte Gruppen die Regression auf frühe Objektbeziehungsmuster fördern. Zwischen Kinderärzten und Kinderpsychiatern, Fachkliniken und Kinderpsychotherapeuten gibt es bisher noch keine etablierte Kooperationskultur, sodass es, entsprechend den Spaltungsmechanismen des Störungsbildes, häufig zu einem wechselseitig kontraproduktiven Agieren kommt. Um dieser für die Arbeit mit Kindern auf dem Strukturniveau der BPO typischen Tendenz entgegenzuwirken, drängt die TFP hier auf Transparenz, konzeptionelle Abstimmung und Verbindlichkeit zwischen allen Bereichen.

Manchmal kommt es während der laufenden ambulanten Behandlung zu einer Klinikaufnahme des Kindes (z. B. bei Suizidalität). Die ohnehin bei Borderline-Kindern störanfällige therapeutische Beziehung wird beispielsweise unnötig belastet, wenn die Klinik die bisherige Übertragungsfokussierte Psychotherapie ohne Rücksprache mit der Therapeutin durch die Empfehlung oder Etablierung eines anderen Therapieansatzes infrage stellt. Eine größere Offenheit aller Fachbereiche gegenüber den Grundgedanken anderer Therapieansätze und die Einbeziehung von im Vorfeld der aktuellen Behandlung bereits geleisteter therapeutischer Arbeit würde der produktiven Zusammenarbeit, der Weiterentwicklung der eigenen professionellen Kompetenz, vor allem aber den Patienten dienen.

Um den Aufbau einer solchen Vernetzung leisten zu können, die eine effektivere und zufriedenstellende Arbeit für alle am Therapieprozess Beteiligten bedeuten würde, bedürfte es der Schaffung erweiterter Abrechnungsmodalitäten (z. B. für Kontakte zu den Kindern oder ihren Bezugspersonen während eines Klinikaufenthalts) und umfangreicherer Behandlungskontingente, um diese schwer erkrankten Kinder adäquat, möglicherweise über einen längeren Zeitraum hinweg behandeln zu können. Durch sorgfältige und gut vernetzte ambulante Therapien würden die Gesundheitskassen letztlich finanziell erheblich weniger belastet werden als durch wiederholte Klinikaufenthalte der betroffenen Patientinnen und Patienten.

5 Behandlungsphasen

5.1 Die frühe Behandlungsphase

Während der frühen Behandlungsphase ist der Aufbau von Sicherheit in der Beziehung zwischen Kind und Therapeut von zentraler Bedeutung (Streeck-Fischer, 2007). Dies umfasst die äußere Sicherheit in Form eines haltgebenden Rahmens als gemeinsame Bezugsgröße wie auch die innere Sicherheit als Verlässlichkeit und Vorhersehbarkeit der Kontaktgestaltung. Auf dieser Basis wird die Arbeit an den Dyaden möglich.

Wie bereits erwähnt, unterliegt der Rahmen insbesondere während der frühen Behandlungsphase vielen Angriffen vonseiten des Kindes oder seiner Bezugspersonen. Das Stundenende, welches bei den Patienten wegen ihrer grundsätzlichen Schwierigkeit, Trennung hinzunehmen, häufig Gefühle von Ohnmacht und Ausgeliefertsein auslöst, unterliegt oft heftigen Attacken. Ließe man sich verführen, eine vermeintlich großzügige Therapeutin zu sein, die den Rahmen nach Belieben auszuweiten bereit ist, dann hätte man auch die Macht, zu bestimmen, wie lange eine Sitzung dauern kann, und das Kind wäre der Willkür der Therapeutin ausgeliefert. Zugleich würde dadurch das Omnipotenz- und Machtbedürfnis des Kindes (als Umkehr der erlebten Ohnmachts- und Kleinheitsgefühle) bestärkt. Ein verlässlicher, schützender und geschützter Rahmen ist demnach eine wesentliche Voraussetzung, in der Therapie Sicherheit zu entwickeln.

Da ein Kind mit BPO vorwiegend aggressive Teil-Objektrepräsentanzen verinnerlicht hat, wird es diese auch auf die Therapeutin oder den Therapeuten projizieren. So kann im Erleben des Kindes die Therapeutin blitzschnell von einem guten zu einem verfolgenden Objekt wechseln. Für das Kind ist die Therapeutin dann das bedrohliche Objekt, vor dem es sich mit Angriff durch Rollenumkehr zu schützen versucht. Über Reaktionen der Therapeutin, die weder von Willkür noch von Destruktion geprägt sind, entsteht eine therapeutische Beziehung, in der das Kind Schritt für Schritt Sicherheit gewinnt und die Erfahrung macht, dass das Objekt sich nicht rächt, sondern ein gleichbleibendes Interesse an seiner Person beibehält. Dies sind wichtige Voraussetzungen dafür, dass sich neben den bestehenden negativen Teil-Objektrepräsentanzen zunehmend libidinöse, positive Teil-Objekt- und damit Teil-Selbstrepräsentanzen entwickeln können.

Zu Beginn der Therapie mit einem Kind mit BPO befindet sich die Therapeutin häufig in großer Desorientierung. Die schnell wechselnden Zustände des Kindes sind zunächst nicht zu verstehen. Spielt es in einem Moment friedlich, so kann das Spiel plötzlich ausgeprägte aggressive und sadistische Formen annehmen. Die Therapeutin wird teilweise massiv provoziert und entwertet. In der Gegenübertragung tauchen Gefühle von Hilflosigkeit, Ohnmacht und Wut auf. Die Therapeutin sollte sich der Heftigkeit ihrer Gefühle nicht widersetzen, sondern diese genau wahrnehmen und untersuchen. Sie enthalten wichtige Informationen über das Beziehungserleben des Patienten. »Für ein Verständnis der ablaufenden Verhaltensmuster ist es hilfreich, sich die Interaktionen als Szenen eines Dramas mit unterschiedlich verteilten Rollen vorzustellen, die wiederum die aktivierten Teil-Selbst- und Teil-Objektrepräsentanzen widerspiegeln. Indem der Therapeut sich die Rollen vor Augen führt, die der Patient gerade einnimmt bzw. dem Therapeuten zuschreibt, kann er ein lebendiges Bild der inneren Repräsentanzenwelt des Patienten gewinnen« (Clarkin et al., 2008, S. 38). In einem ersten Schritt ist es wichtig, diese Dyaden und die mit ihnen verbundenen Affekte zu erkennen und zu verstehen.

Anna behandelt eine Babypuppe extrem grob, misst Fieber im Po, drückt ihr eine Pipette mit Augentropfen heftig in die Augen. Dabei guckt sie mit provozierendem Blick zur Therapeutin. Diese leidet mit dem gequälten Kind und erlebt gleichzeitig, wie sich Anna vor diesem großen Leid schützen muss.

Hier zeigt die Patientin eine Objektbeziehungsdyade zwischen einem ausgelieferten, hilflosen Kind, das über den Affekt Vernichtungsangst mit einem gefährlichen Objekt verbunden ist, das seine Aggression sadistisch genießt. Sie wehrt Vernichtungsangst mit Rollenumkehr ab (zweites strategisches Prinzip, siehe Kapitel 3.1), indem sie die Selbstrepräsentanz des leidenden Kindes abspaltet und per projektiver Identifizierung in der Therapeutin unterbringt. Gleichzeitig identifiziert sie sich mit einer sadistischen Objektrepräsentanz.

Therapeutin: »Das Baby und auch ich sollen merken, wie weh das tut. Dann ist der ganze Schmerz bei uns.«

Neben der Abwehr über Rollenumkehr steht auch die Spaltung zwischen aggressiven und libidinösen Repräsentanzen (drittes strategisches Prinzip) im Blickfeld.

Therapeutin: »Jetzt bist du so wütend auf mich, weil ich Nein sage. Und möchtest am liebsten hier alles kaputt machen. Aber warte mal, jetzt vergisst du ganz, dass du doch auch gern hierher kommst.«
Jeromy: »Nein, komm ich nicht.« Aber dieser Satz klingt ein bisschen nachdenklich, die Wut ist gemindert.

Häufig kann die Deutung nicht in dem Moment gemacht werden, in dem sich die Dyade herstellt, da er zu sehr von Affekten aufgeladen ist. Dann muss abgewartet werden, bis die Affektlage so weit gemildert ist, dass der kindliche Patient eine Deutung ertragen und annehmen kann. Ansonsten besteht die Gefahr, dass er sie als bedrohlichen Angriff erlebt.

Therapeutin: »Vorhin warst du so wütend auf mich und hast mich so doll beschimpft. Das war ja, als hätte es nie etwas Gutes zwischen uns gegeben.«

Da eine Reduzierung der Spaltungsabwehr und damit Schritte zur Integration nur erreicht werden können, wenn libidinöse Repräsentanzen nicht mehr vor dem Übergewicht der aggressiven Repräsentanzen geschützt werden müssen, ist eine Stärkung der libidinösen Repräsentanzen wichtig. Wenn die Therapeutin die jeweils aktivierte aggressiv determinierte Objektbeziehungsdyade benennt – »Das Katzenkind hat gegen das Monster gar keine Chance« –, versucht sie gleichzeitig, die abgewehrte libidinöse Objektbeziehungsdyade ins Blickfeld zu rücken: »Da ist doch die Eule, die sieht das alles, die möchte gern helfen.« Oder: »So ein Baby braucht doch Starke, die es beschützen.« Oder: »Das Baby kann vielleicht noch gar nicht glauben, dass es wirklich Große gibt, die helfen.« Alvarez (2001, S. 145) nennt diese Art von Intervention einen »noch ungedachten Gedanken« einbringen.

Für die Therapeutin ist die frühe Phase der Therapie eine besondere Herausforderung. Sie findet sich per projektiver Identifizierung häufig selbst in qualvollen Zuständen wieder (z. B. ohnmächtig oder vollkommen unfähig zu sein; Gefühle von Wut oder Hass zu erleben). Sie muss immer wieder versuchen, sich mithilfe des Erkennens und Verstehens der Objektbeziehungsdyaden aus diesen Zuständen herauszuarbeiten. Dennoch kann es geschehen, dass sie in Gegenübertragungswiderstände oder in Gegenübertragungsagieren verfällt. Beim Gegenübertragungsagieren ist es wichtig, sich selbst wieder zu stabilisieren, um die eigene Verstrickung erkennen zu können. Supervision oder kollegiale Intervision unterstützen diesen Prozess der Wahrnehmung und Reflexion (Krischer u. Drust, 2018). Ist auch das Kind wieder in psychisch hinreichend stabiler Verfassung, sollte die Therapeutin diesem ihr eigenes Verstehen der aktivierten Dyaden in angemessener Form zur Verfügung stellen. Damit markiert sie gleichzeitig ihr vorübergehendes Abweichen von der technischen Neutralität.

Therapeutin: »Eben habe ich dich so laut angeschrien, dass du dich richtig erschrocken hast. Als du meine Brille in der Hand hattest und sie kaputt machen wolltest, habe ich mich so hilflos gefühlt und wusste gar nicht, was ich machen könnte. Da fiel mir nur Schreien ein.« Jeromy, jetzt nicht mehr erschrocken, eher ein bisschen stolz: »Ja, du hast richtig laut geschrien.« Therapeutin: »Ja, das passiert manchmal, wenn man sich so hilflos fühlt. - Vielleicht kennst du das auch.«

Anstatt den Gegenübertragungswiderstand mit aller Macht »überwinden« zu wollen, gilt es vielmehr, ihn als wichtiges Signal anzuerkennen. Gefühle, die in der Gegenübertragung auftreten, können so unerträglich werden, dass sie abgewehrt werden müssen. Ebenso kann ein Gefühl der Gleichgültigkeit als Gegenübertragungswiderstand identifiziert werden, der als komplementäre Gegenübertragung einen wichtigen Hinweis auf die Objektbeziehungsdyaden des Patienten oder der Patientin liefert.

Als die neunjährige Sophie mit ihrem Vater zum ersten Termin kommt, setzt sie sich an den Tisch und sagt: »Ich hab Angst.« Die Therapeutin sieht das große dicke Mädchen und findet es lächerlich, dass sie Angst äußert. Die über sich selbst erstaunte Therapeutin begreift im Nachhinein, dass sich hier eine zentrale Objektbeziehungsdyade der Patientin inszeniert hatte: ein Kind, das von der Mutter abgelehnt und in seinen Gefühlen nicht angenommen wird.

Bei der Arbeit mit den Bezugspersonen liegt der Schwerpunkt zunächst darauf, sie für die Therapie des Kindes, dann auch für die eigene kontinuierliche Teilnahme am therapeutischen Prozess zu gewinnen. Es gilt, ein Arbeitsbündnis zu finden, welches gewährleistet, dass der Rahmen der Therapie eingehalten und Sicherheit für die Therapie des Kindes hergestellt wird. Die Inhalte und Schwerpunkte der Arbeit mit den Bezugspersonen werden von Kehr und Köpp (im Druck) differenziert dargestellt.

5.2 Die mittlere Behandlungsphase

Die typischen Veränderungen in der mittleren Behandlungsphase werden exemplarisch anhand der Entwicklungsschritte der Patientin Anna dargestellt. Sie zeigen sich als Vorstufen zur Integration und sind Ergebnisse der bisherigen therapeutischen Arbeit. Auch behandlungstechnisch ergeben sich hier neue Schwerpunkte.

5.2.1 Entwicklungsschritte zur Integration

Libidinöse Objektbeziehungsdyaden werden nun in den Spieldarstellungen der Kinder und im Übertragungsgeschehen deutlich, und Spaltung nimmt ab.

Anna spielt im Puppenhaus. Das Kind kocht und lässt das Essen anbrennen. Anna spielt nun erstmals eine liebevolle Mutter, die verständnisvoll und tröstend mit dem Kind spricht.

Dieser ersten libidinösen Szene folgen weitere:

Eine Kuh lässt alle verlassenen Tierkinder bei sich trinken.
Es gibt einen bösen und einen lieben Dinosaurier, aber der liebe ist stärker.
Ein Kind wird im Sand verschüttet, aber ein Stier befreit es und nimmt es auf seinen Rücken.

Gut und Böse werden nun nicht immer klar voneinander abgegrenzt.

Der Käfer gibt dem Katzenbaby Giftmilch zu trinken. Aber der Käfer hat gelogen, die Milch ist gut.
Der Drache nimmt die Kinder ins Maul und erscheint mörderisch. Dann stellt sich aber heraus, dass er der Papa ist, der gut für die Kinder sorgt. Er benutzt sein Maul, um die Kinder zu tragen.

All diese Szenen zeigen sich als Vorstufen zur Integration.

Identifikation mit der zentral abgewehrten Selbstrepräsentanz beginnt möglich zu werden. Während der frühen Behandlungsphase projiziert das Kind seine unerträglichen Affekte auf die Therapeutin oder den Therapeuten. In der mittleren Behandlungsphase dagegen zeigt sein Spiel, dass es sich bisweilen schon mit einer schwachen, leidenden Teil-Selbstrepräsentanz identifizieren kann.

Anna hatte eine Szene gespielt, in der ein Baby im Müll zurückgelassen worden war. Mithilfe einer Pinguin-Fingerpuppe, die die Therapeutin schon zuvor als dritte Instanz eingeführt hatte, kommentiert die Therapeutin das Geschehen. Pinguin: »Ich muss immer an das Baby denken. Das liegt im Dreck, hat Hunger, und keiner ist da, der sich kümmert, der es beschützt. Ein Baby braucht doch Eltern, die sich kümmern.« (Hunger und Vernachlässigung kennzeichneten auch Annas erste Lebensmonate in der Herkunftsfamilie.) Während die Therapeutin den Pinguin reden lässt, spielt Anna ohne Reaktion im Sandkasten. Nach einer Weile fragt sie: »Denkt der Pinguin immer noch an das Baby?« Ganz anders als in der Anfangszeit der Therapie ist in Annas Frage keine Schadenfreude spürbar. Sie ist offensichtlich mit dem Baby identifiziert und will, dass es gerettet wird.

Noch deutlicher zeigt sich die beginnende Identifikation mit einer schwachen, hilflosen Selbstrepräsentanz in folgender Szene:

Anna bringt einen Playmobil-Jungen mit, mit dem sie deutlich identifiziert ist. Der Junge soll mit einem Boot abgeholt werden, aber er traut sich nicht, ins Boot zu steigen, und bleibt allein zurück. Er verbirgt sich in der Sandkastenecke. Die Therapeutin fragt: »Weint er?« Anna: »Nein, er weint nicht, er ist einsam und hat Angst.«

Als Begleiterscheinungen der Entwicklung zur Integration entwickeln sich nun auch die Fähigkeiten zur Triangulierung, zur Mentalisierung und zur reifen Symbolisierung.

Die Fähigkeit zur Triangulierung zeigt sich, wenn Anna den Pinguin als dritte Instanz nicht nur toleriert, sondern seine Kommentare sogar einfordert. Sie ist nun in der Lage, einen Dritten in ihr Denken und Erleben mit einzubeziehen. Neben sich als handelnde Person und neben dem Objekt, auf das sie projiziert (also Spielfigur oder Therapeutin), gibt es nun etwas Drittes, das das Geschehen zwischen den beiden reflektiert. Es entsteht ein Dreieck, in dem alle drei Pole miteinander verbunden sind.

Die Fähigkeit zur Mentalisierung zeigt Anna, wenn sie fragt: »Denkt der Pinguin immer noch an das Baby?« Sie kann den Anderen nun mit eigenständigem Denken und Fühlen ausgestattet erleben.

Auch die Fähigkeit zur reifen Symbolisierung hat sich entwickelt. In der frühen Therapiephase herrschte symbolische Gleichsetzung vor. Das wurde in Annas Therapie etwa in folgender Szene sehr deutlich: Anna spielte im Puppenhaus und ließ die Puppe auf den Fußboden und das Bett kotzen. Dabei guckte sie triumphierend zur Therapeutin, als hätte sie damit tatsächlich das Eigentum der Therapeutin beschmutzt. Wenn Anna dagegen in der mittleren Therapiephase ein Kind spielt, das sich einsam und voller Angst im Sandkasten zusammenkauert, dann kann sie ihre sie belastenden Affekte im Symbol unterbringen. Sie hat nun eine Distanz zu diesen Affekten und wird nicht mehr von Vernichtungsängsten überschwemmt. Sie kann die Gefühle des einsamen Kindes mitfühlend spielen, ist aber nicht selbst das einsame Kind. Es ist eine trianguläre Beziehung entstanden zwischen dem Selbst, dem Symbolisierten (hier die Affekte) und dem Symbol, das die Affekte darstellt.

Auch die Übertragungsbeziehung zur Therapeutin verändert sich. Zusammen mit libidinösen Repräsentanzen im Spiel entwickelt sich nun eine libidinöse Übertragung. Anna zeigte während der frühen Behandlungsphase ein typisches Übertragungsmuster: Sie schloss die Therapeutin demonstrativ aus und ignorierte ihre Kontaktbemühungen. Die Therapeutin wurde zum unerwünschten Kind, und Anna war mit einem machtvollen ablehnenden Objekt identifiziert. Das veränderte sich nun völlig. Anna beginnt, während ihres Spiels in kurzen Abständen immer wieder zur Therapeutin zu schauen und kurz Blickkontakt zu halten. Dabei scheint sie die Verbindung zu genießen. Sie kann sich nun in einer Dyade erleben mit einem Objekt, das interessiert und zugewandt ist.

Dass Spaltungsabwehr dennoch auch weiter besteht, zeigt sich, sobald die Therapeutin das Stundenende ankündigt. Dann wird sie zum bösen Täter, und die Patientin wehrt die Opferrolle mit Rollenumkehr ab. Der Wechsel zwischen fortschreitender Integration und erneuter Spaltungsabwehr bedingt das für die mittlere Behandlungsphase typische Gegenübertragungserleben eines permanenten Schwankens zwischen Hoffnung und Entspannung einerseits und Frustration, Enttäuschung und Zweifeln an der eigenen Kompetenz andererseits.

Auch aus dem Umfeld der Patientinnen und Patienten erfahren wir nun häufig von positiven Veränderungen.

Annas Pflegeeltern berichten, dass Anna zu Hause fröhlicher sei – nicht mehr ständig missmutig. Sie spiele ausdauernd und rede dazu. Auch habe sich ihre Beziehung zu den Pflegeeltern deutlich verändert. Sie könne ihnen Liebe zeigen und könne liebevolle Situationen genießen. Daneben gibt es allerdings auch hier weiterhin die alten Konflikte.

5.2.2 Behandlungstechnische Aspekte

Die Deutung der noch bestehenden Spaltung zwischen den aggressiv determinierten und den inzwischen deutlicheren libidinösen Dyaden bekommt in dieser Behandlungsphase ein besonderes Gewicht (drittes strategisches Prinzip). Bei Annas Inszenierungen am Stundenende hatte die Therapeutin immer wieder versucht, die mehrmalige Rollenumkehr zu deuten, etwa: »Ich weiß, du willst nicht, dass ich bestimme, wann wir aufhören müssen. Dann willst du die Bestimmerin sein, spielst einfach weiter und ärgerst mich. Und gleich bestimme ich wieder, wenn ich dich aus der Tür schiebe.«

Diese Interventionen veränderten nur wenig, manchmal schwächten sie die Dramatik etwas ab. Erst als die Therapeutin die sich gegenseitig abwehrenden aggressiven und libidinösen Dyaden zentral ins Blickfeld rückt, zeigt sich eine deutliche Wirkung:

Therapeutin: »Wir müssen aufhören.«
Anna, schreiend: »Nein!« Sie wirft etwas durchs Zimmer.
Therapeutin: »Du denkst jetzt, Frau Kreft ist eine böse Frau Kreft, weil ich die Stunde beende. Aber ich bin doch dieselbe, die mit dir spielt und nächste Stunde wieder auf dich wartet.«
[…]
Therapeutin: »Du denkst, ich bin böse, wenn ich die Stunde beende. Das ist so, wie wenn Mama dir Nein sagt, dann denkst du auch, sie ist ganz böse, und dann schreist du ganz laut.«
Anna: »Nein, ich schrei nicht!«
Therapeutin: »Dabei ist es doch dieselbe Mama, die du auch so lieb hast.«
In den darauf folgenden Stunden bis zu den Sommerferien gibt es keine Probleme beim Stundenende. Die Therapeutin ist erstmals entspannt in diesen Situationen.

In einem weiteren behandlungstechnischen Aspekt, dem vierten strategisches Prinzip, geht es nun darum, das Verhalten der Patientinnen und Patienten im Außen mehr ins Blickfeld zu rücken und in die Interventionen einzubeziehen. Annas Pflegeeltern klagen weiterhin über ihr heftiges Schreien. Anna benutzt ihr Schreien als machtvolle Waffe, sobald sie meint, schlecht behandelt zu werden. Sie benutzt ihr Schreien, um damit Rollenumkehr in Gang zu setzen. Mit einer besonderen Form von Intervention versucht die Therapeutin, dieses Verhalten aufzunehmen. Gleich zu Stundenbeginn spielt sie eine zuvor überlegte Szene mit Fingerpuppen vor. Sie benennt darin neben den Abwehrvorgängen auch den Grund für die Abwehr. Zum Pinguin, den die Patientin schon kennt, nimmt die Therapeutin eine Känguru-Frau hinzu.

Vorspiel der Therapeutin: Pinguin und Känguru treffen sich, und Känguru schildert ein Problem mit ihrer Tochter Guri.
Känguru: »Guri kann nicht aufhören, zu schreien. Sie gibt sich Mühe, aber sie schafft es nicht. Hinterher tut es ihr leid, aber wenn sie so schreit, ist es schrecklich.«

Pinguin: »Ja, ich weiß, wie das ist, dann guckt sie dich so grinsend an, und es macht ihr richtig Spaß, dich mit ihrem Schreien zu quälen.«
Känguru: »Ja, ganz genauso ist es. Sie guckt uns grinsend an, und es macht ihr richtigen Spaß. Dann vergisst sie ganz, dass sie uns lieb hat, dann ist es, als würde sie uns hassen.«
Pinguin: »Ja, da hast du wohl recht [...], wahrscheinlich schreit sie, wenn du etwas anderes willst als sie. Dann sieht sie in dir nicht mehr die liebe Mama, sondern eine böse Mutter. Dann denkt sie, du bist böse und willst sie quälen.«
Känguru: »Wie, sie denkt, ich will sie quälen, wenn ich sage, du musst dich jetzt anziehen oder du musst jetzt ins Bett?«
Pinguin: »Ja, so ist es. Sie denkt, du willst sie quälen. Und um sich zu schützen, quält sie dich mit ihrem Schreien. Das schützt sie vor ihrer Angst, schwach und verletzbar und ausgeliefert zu sein.«
Känguru: »Da muss ich jetzt erst mal drüber nachdenken. Aber jetzt muss ich schnell gehen und meine Guri von der Schule abholen.«
Anna hat still zugehört. Am Ende lässt sie verschmitzt lächelnd und Blickkontakt haltend einen kleinen Tiger auf das Känguru springen. Ihre aggressive Geste ist zugleich humorvoll. Drei Wochen danach erfährt die Therapeutin im Elterngespräch, dass das Schreien aufgehört habe oder nur noch ansatzweise auftauche. »Seit drei Wochen ist der Schalter umgelegt«, berichten die Pflegeeltern.

Auch in der fortgeschrittenen Phase der Therapie sind all diese Konfliktbereiche weiterhin aktuell. Sie müssen immer wieder bearbeitet und das Erreichte muss fortlaufend stabilisiert werden. Daneben rückt aber besonders für diejenigen Patienten, die von ihren leiblichen Eltern getrennt leben, ein neues Thema in den Blickpunkt: Das Kind beginnt, sich mit seiner Lebensgeschichte und seiner Herkunftsfamilie auseinanderzusetzen.

5.3 Die späte Behandlungsphase

Ein entscheidender Fortschritt in der Behandlung ist erreicht, wenn das Kind in der Lage ist, ein breiteres Spektrum an Affekten differenziert wahrzunehmen und die durch sie ausgelösten Impulse eigenständiger zu regulieren. Es erlebt und toleriert zunehmend, dass seine sich entwickelnde Identität Anteile beinhaltet, die es zuvor mittels Spaltung, projektiver Identifizierung, omnipotenter Kontrolle, primitiver Idealisierung und Entwertung abgewehrt hatte. Das Kind verfügt inzwischen über klarer umrissene Bilder von sich selbst und anderen. Deutungen der Therapeutin oder des Therapeuten können besser angenommen und reflektiert werden. Das Agieren außerhalb der Sitzungen lässt nach.

Entsprechend dem vierten strategischen Prinzip (siehe Kapitel 3.1) liegt der Fokus in der therapeutischen Arbeit nun nicht mehr primär auf der Deutung der in der Übertragung inszenierten Dyaden und ihrer Abwehrfunktion, sondern auf der Stabilisierung bisher erreichter Entwicklungserfolge. Das Kind wird in seiner neu gewonnenen Fähigkeit, die Beziehung zur Therapeutin und auch Kontakte in der äußeren Realität anders wahrzunehmen und zu gestalten, begleitet und bestärkt.

5.3.1 Identitätsdiffusion löst sich auf

Aggressiv determinierte Objektbeziehungsdyaden wurden durch zunehmend libidinöse Objektbeziehungsdyaden modifiziert und konnten integriert werden, sodass zuvor überwältigend erlebte Affekte nun besser ausgehalten und überdacht werden können. Integration ist weniger störanfällig. Vorwiegend paranoide Übertragungen weichen depressiven Übertragungsmustern.

Emma, mittlerweile elf Jahre, schildert, dass über Youtube andere ihr beim Spielen zusehen: »Ich hab jetzt ein bisschen Angst, dass mich niemand dort mag.« Sie schaue auch anderen zu und spiele parallel dazu. Therapeutin: »Das ist ja dann fast so, als würdet ihr zusammen spielen.« Emma: »Ja, dann denke ich, dass ich nicht so allein bin – nein, Scherz!«

Es gibt Wiedergutmachung:

Puppenhaus-Kinder entschuldigen sich beim verletzten Puppenhaus-Kind und bringen ihm gutes Essen ins Krankenhaus. Auch die Therapeutin wird manchmal gut versorgt.

Geschlechtsidentität zeigt sich:

Anna definiert sich als weiblich, kommt mit neuer Frisur, gefällt sich: »Jonas ist in mich verliebt.«

Der Kontakt zur Therapeutin wird wärmer, ihre Sicht der Dinge ist von Interesse. Starre Beziehungsmuster werden nach und nach zugunsten neuer Formen der Kontaktgestaltung aufgegeben.

Emma, jetzt zwölf Jahre alt: »Ich weiß, woran es liegt«, und korrigiert sich dann: »Also ich glaube, dass ich es weiß.«

Die zunehmende Fähigkeit des Kindes, die Therapeutin zu internalisieren, zeigt sich daran, dass seine Phantasien über ihre Person realistischere Züge annehmen, also deutlich weniger von projektiver Identifizierung bestimmt sind. Seine Kommunikation mit der Therapeutin wird aufrichtiger, Geheimnisse werden anvertraut, Ambivalenz kann eher toleriert werden. Unterbrechungen der Behandlung durch äußere Umstände wie Feiertage, Urlaube oder Krankheitsphasen führen nicht mehr zwangsläufig zu einer inneren Aufkündigung der therapeutischen Beziehung.

Anna, mittlerweile acht Jahre, zur Therapeutin: »Ich mag dich nicht – ich mag dich.« Therapeutin: »Ja, beides gibt es.«
Leonie, neun Jahre, die bislang nicht verlieren konnte, zur Therapeutin:

»Na ja, du gewinnst eben auch mal.« Therapeutin: »Und du kannst das jetzt auch aushalten.«

Auch die Außenbeziehungen des Kindes werden in der Therapie differenzierter, plastischer und lebendiger dargestellt. Themen aus der Gegenwart des Kindes tauchen auf: die Beschaffenheit des eigenen Zimmers, Schwierigkeiten beim Lernen, Anforderungen des Alltags wie Klassenfahrten oder Geburtstage. Es ist in der Lage, Kontakt zu anderen Kindern aufzunehmen und zu gestalten. Im Kontext dieser psychischen Neuorganisation verändern sich auch seine Beziehungen zu Geschwistern, (Pflege-)Eltern und weiteren wichtigen Bezugspersonen.

Anna zur Pflegemutter: »Du hast einen Platz in meinem Herzen, für immer, auch wenn du tot bist. Mama F (leibliche Mutter) hat einen anderen Platz.«
Emma: »Ich mag meinen Opa sehr gern, aber er ist auch anstrengend. Er verträgt sich nicht mit meinem Vater. Jedes Mal, wenn er kommt, streiten sie sich. Mein Opa ist im letzten Jahr vom Krieg geboren, vielleicht hat er was Schlimmes erlebt und ist deswegen so.«

Nach und nach hat sich beim Kind eine Gewissheit darüber gebildet, dass es mit der Therapeutin oder dem Therapeuten Erinnerungen an gemeinsame Erlebnisse teilt.

Anna wirft die Babypuppe mehrmals in die Luft und fängt sie wieder auf. Dabei beobachtet sie die Therapeutin genau. Diese ist sich sicher, dass auch die Patientin dabei an die Szene zu Therapiebeginn denkt (siehe Kapitel 2.1.2). Damals hatte sie die Puppe an einem Bein hochgehalten und fallen gelassen. Dabei hatte sie die Therapeutin lauernd im Blick behalten. Es war die erste Situation von vielen folgenden, in denen sie Rollenumkehr inszenierte. Die aktuelle Szene kommentiert sie: »Mag ich so gern.« Therapeutin: »Ja, ich verstehe.«

Das Kind kann nun potenzielle Kommentare der Therapeutin antizipieren. Es hat eine realistischere Vorstellung von Persönlichkeitsaspekten der Therapeutin, ihrer Haltung ihm gegenüber und davon, wie ihre Reaktionen auf sein Verhalten ausfallen könnten. Die Therapeutin wird wahrgenommen als ein Mensch, der seine Grenzen hat, aber wohlgesinnt ist.

Insbesondere bei Kindern mit narzisstischer Persönlichkeitsstörung reduziert sich die Intoleranz gegenüber Abhängigkeit und Neid, der nun ausgehalten und benannt werden kann.

Emma: »Es gibt ein Mädchen in meiner Klasse, die mag ich nicht besonders. Die kann alles besser als ich. Die ist hochbegabt.«

Allerdings kann diese positive Entwicklung nicht in jedem Fall erwartet werden. Deutliche Verbesserungen auf der Symptomebene und im allgemeinen Funktionsniveau konsolidieren bisweilen auf subtile Weise das pathologische Größenselbst des Kindes, das nun zur Abwehr weiterer Fortschritte in der Behandlung eingesetzt wird. Erfolge außerhalb der Therapie dienen dann dem Patienten – oder seinen Eltern – als Belege dafür, dass es ihm jetzt besser gehe und er auf keine weitere Unterstützung durch die Therapeutin oder den Therapeuten angewiesen sei (Clarkin et al., 2008, S. 236).

5.3.2 Auseinandersetzung mit der eigenen Lebensgeschichte

Die Spiele des Kindes verändern sich. Nach und nach kann die Therapeutin aktuelle Übertragungsentwicklungen auch mit unbewussten pathogenen Objektbeziehungen aus der Vergangenheit in Verbindung bringen. Auf diese Weise werden frühe traumatische Erfahrungen dem Bewusstsein des Kindes langsam zugänglich. Seine gegenwärtige Situation kann in Zusammenhang mit der Lebensgeschichte gesehen werden und wird integrierter Bestandteil der Identität. Wichtige Menschen werden mit ihren guten wie schlechten Eigenschaften beschrieben, die sich jeweils nicht ausschließen müssen.

Die Eltern von Dennis leben seit seinem dritten Lebensjahr getrennt. Der Vater ist unzuverlässig im Kontakt zu seinem Sohn. Er entwertet und beschimpft ihn häufig und überlässt ihn oft sich selbst bzw. seiner neuen Partnerin, wenn Dennis ihn besucht. Gegen Ende der knapp dreijährigen Therapie sagt der mittlerweile zehnjährige Dennis nachdenklich: »Ich weiß, dass mein Papa vieles nicht gut macht. Und oft leide ich darunter. Aber ich liebe ihn trotzdem, weil er ist ja mein Papa.«

Die schmerzliche Frage, warum sie nicht – wie die meisten anderen Kinder – in ihren Herkunftsfamilien aufwachsen können, stellt sich nun. Einerseits steht dies sicher im Zusammenhang mit dem bevorstehenden Abschied aus der Therapie. Andererseits ist das Kind auch erst nach gewonnener Sicherheit und Vertrauen in die Beziehung zur Therapeutin in der Lage, sich diesen belastenden Gefühlen zu stellen.

Der Drache-Papa hat drei Kinder. Aber er will nur eins haben. Die anderen werden zu einer bösen Bauernfamilie gegeben.
Ein Pinguin-Kind ohne Eltern wird zur Tigerfamilie gebracht. Alle umringen das Kind. Anna als Tiger: »Willst du zu uns gehören?« Therapeutin: »Das Kind hat bestimmt große Angst.« Anna zum Pinguin-Kind: »Du darfst keinen Fehler machen, sonst Todesstrafe.« Zum Ende der Stunde wird das Kind aber gut versorgt.

Ein Versuch der Bewältigung der Frage nach dem Verlust der leiblichen Eltern besteht häufig in der Selbstbezichtigung. Durch eigenes Versagen dazu beigetragen zu haben, scheint erträglicher, als Opfer von Desinteresse, Lieblosigkeit und Vernachlässigung zu sein. Die Übernahme von Schuld schützt die intrapsychische Existenz der schwachen libidinös besetzten Teil-Objektrepräsentanzen.

Die Mutter vom Puppenhaus-Jungen fällt die Treppe runter und ist tot. Der Vater ist unzuverlässig. Der Junge klagt: »Ich bin so allein.« Er will sich in die Lava stürzen. Therapeutin: »Warum will er das? Zur

Strafe?« Anna bestätigt. Therapeutin: »Er denkt, er hat Schuld, dass er keine Mama hat und keinen Papa?«

Zunehmend depressive Übertragungen zeugen von Trauer um das verlorene ideale Objekt und von Integration nur-guter und nur-böser Repräsentanzen in eine komplexere und realitätsnähere Vorstellung von Anderen. Diese Entwicklung des Kindes ist untrennbar verbunden mit seinem Vertrauen in die Belastbarkeit der Therapeutin oder des Therapeuten als Container für das schlechte Introjekt.

Das Baby wird der Mutter-Therapeutin weggenommen. Gefährliche Echsen nehmen es mit. Anna: »Das wird brutal.« Die Mutter-Therapeutin soll das Baby verzweifelt suchen, wird aber immer in die Irre geleitet. Therapeutin: »Ich habe nicht gut gesorgt für das Baby.« Anna: »Hast du doch.« Therapeutin: »Ich will mich entschuldigen bei dem Baby. Das Baby denkt vielleicht, es hat Schuld. Aber es hat keine Schuld. Ich hab ja nicht gut gesorgt, nicht gut aufgepasst.«
Die Therapeutin als Pflegemutter, die lange auf das Kind gewartet hat und bei der es schließlich angekommen ist, darf das Kind nicht anfassen. Anna: »Es ist verletzt vom Krieg.« Zum Ende der Stunde soll die Therapeutin das Puppenbaby aber auf den Arm nehmen und halten.

In vielen Rollenspielen mit der Therapeutin hat die Patientin gezeigt, dass ihre Lebensgeschichte nun ebenso zu ihrer Identität gehört wie die gewachsene Sicherheit, dass es auch wohlwollende, fürsorgliche Eltern gibt.

5.4 Behandlungsende

Die beschriebene fortschreitende Entwicklung kann unter starker psychischer Belastung immer wieder von regressiven Tendenzen unterbrochen werden, die mit dem erneuten Aufflammen primitiver Abwehrmechanismen einhergehen. In der Regel ziehen sich diese Episoden aber nicht mehr über einen längeren Zeitraum hin, sondern lassen sich unmittelbar durcharbeiten und mit den abgespaltenen Repräsentanzen in Verbindung bringen.

Der bevorstehende Abschied von der Therapeutin wird vom Patienten unbewusst oft als Angriff erlebt, der Wut und Zerstörungsimpulse auslöst, die sich nicht nur auf das äußere Objekt richten, sondern auch auf dessen innere Repräsentanz. Dem Kind kommt es dann so vor, als würde »alles« verloren gehen (Klein, 1983).

Anna: »Warum lebt man, wenn man doch sterben muss?«

Bisweilen zeigt das Kind dann unvermittelt auch ganz neue, kritische Verhaltensweisen wie Stehlen oder Zündeln, mit denen es die Verlustangst abwehrt und seine (Therapie-)Bedürftigkeit inszeniert. Bei Kindern mit narzisstischer Persönlichkeitsstörung kommt es unter diesen Bedingungen häufig zu einer hypomanischen Abwehr in Form von Omnipotenz und Verleugnung jeglicher Trauer oder Abhängigkeit bei gleichzeitiger Entwertung der Therapeutin oder des Therapeuten.

Manchmal kommt es auch kurz vor Ende (als Rollenumkehr) zu einem Abbruch der Behandlung, weil das Kind aktiv wird, um sich nicht als Opfer zu erleben. Diese Gefahr lässt sich verringern, indem die Therapeutin das Kind in die Organisation der Abschiedsphase möglichst aktiv miteinbezieht. Oder es sind die Eltern, die die Behandlung durch einen überraschenden Abbruch entwerten, weil sie das Kind um seine positive Entwicklung beneiden oder der Therapeutin den Behandlungserfolg und die (traurigen) Gefühle des Kindes nicht gönnen können.

Der Termin für einen Abschluss der Therapie sollte frühzeitig gemeinsam festgelegt werden und möglichst nicht kurz vor langen Ferienzeiten oder wichtigen Feiertagen liegen wegen des damit einhergehenden Strukturverlusts in der äußeren Realität des Kindes. Die umfassende Bearbeitung sämtlicher »Trennungen« während des gesamten Therapieverlaufs dient insofern nicht zuletzt auch einer sorgfältigen Vorbereitung des Endes der Behandlung. Dabei sollte die

Analyse des sekundären Krankheitsgewinns (äußere Vorteile, die den Wert des Symptoms für das Kind erhöhen) insbesondere während der Abschlussphase der Therapie vermehrt Beachtung finden. Anhaltspunkte für die anstehende Beendigung der Behandlung sind:

- deutliche strukturelle Persönlichkeitsveränderungen (fortgeschrittene Integration der gespaltenen Selbst- sowie Objektrepräsentanzen und damit einhergehende Auflösung der Identitätsdiffusion; Zunahme an Ich-Stärke; Toleranz für Ambivalenz);
- die Gegenübertragungen der Therapeutin sind nicht mehr von projektiven Identifizierungen beherrscht, sodass sich stabile positive Gefühle entwickeln können. Angespanntheit und paranoide Vorsicht aufseiten der Therapeutin oder des Therapeuten weichen einer durchgängigen Freude an der Begegnung mit dem Kind;
- die befriedigende Auflösung der Symptome (positive Verhaltensänderung des Kindes in seinem Umfeld; Fähigkeit, Kontakte aufzunehmen und zu gestalten; abgeschwächte somatische Beschwerden wie Kopf- und Bauchschmerzen; Nachlassen von Essstörungen; Auflösung selbstschädigenden Verhaltens);
- Herausbildung neuer Kompetenzen des Kindes: Gruppenfähigkeit; regelmäßiger Kita- oder Schulbesuch; Leistungsfähigkeit; Kritikfähigkeit; außerschulische Interessen und Freizeitaktivitäten;
- nüchterner Grund für das Ende einer Behandlung ist aber auch das ausgeschöpfte Kassenkontingent, selbst wenn die oben benannten Erfolge noch nicht erzielt werden konnten.

Es kann sinnvoll sein, Kindern mit BPO auch nach Abschluss der Therapie noch eine Zeitlang als »Realkontakt« zur Verfügung zu stehen, um die innere Repräsentanz der Therapeutin und damit eine generelle Objektkonstanz aufrechtzuerhalten. Das deutsche Krankenkassensystem ermöglicht es, dem Kind eine solche sich vergewissernde und versichernde Begegnung mit der Therapeutin oder dem Therapeuten im Schutz eines professionellen Rahmens anzubieten.

6 Schlussbemerkung

Mit unseren Ausführungen hoffen wir verdeutlicht zu haben, welcher Wert darin besteht, frühe pathologische Entwicklungsprozesse unter der Fragestellung zu betrachten, ob sich ein Kind auf dem Strukturniveau der BPO befindet. Vor der frühen Diagnosestellung einer Persönlichkeitsstörung im Kindesalter schreckte man in der Vergangenheit eher zurück, um eine fahrlässige Zuschreibung und mögliche Stigmatisierung zu vermeiden. Wir sehen jedoch eine enorme Chance darin, mit der dem Störungsbild angemessenen Übertragungsfokussierten Psychotherapie der Notwendigkeit von Klinikeinweisungen und fortschreitender Chronifizierung entgegenzuwirken.

Wo wir als Therapeutinnen zuvor oft an unserer eigenen Ohnmacht und Hilflosigkeit verzweifelten, erleben wir mit der TFP einen deutlich besseren Zugang zu der oft schwierigen Übertragungs- und Gegenübertragungsdynamik bei der Behandlung dieser Patientinnen und Patienten. Der mit allen Beteiligten ausgehandelte klare Behandlungsrahmen bietet eine größere Sicherheit, die zeitweise erhebliche Destruktivität der Beziehungsdynamik halten und regulieren zu können, sodass die Begegnungen für das Kind, aber auch für die Therapeutin oder den Therapeuten an Bedrohlichkeit verlieren. Das geforderte hohe Maß an Selbstreflexion in der Analyse der Übertragung erleichtert den Zugang zu diesen in der Regel unter schwierigsten Bedingungen aufgewachsenen Kindern. Ohne eine intensive Selbsterfahrung während der psychotherapeutischen Ausbildung ist es aus unserer Sicht kaum möglich, den durch die projektiven Identifizierungen des kindlichen Patienten ausgelösten eigenen massiven, oft aversiven Affekten gewachsen zu sein und sie wahrzunehmen, ohne sie verleugnen zu müssen. Diese Fähigkeit zur Triangulierung als einem Nachdenken-Können über das, was erlebt und gefühlt wird, schützt die Therapeutin vor eigenem Agieren und leidvoller Überforderung, die nicht zuletzt auch dem Patienten, der Patientin schaden würde.

Bei Aneignung der TFP-Methode und ihrem Einsatz in der kindertherapeutischen Praxis handelt es sich also nicht um einen linearen Wissenszuwachs, sondern um einen komplexen Lern- und Selbsterkenntnisprozess. Dieser sollte – wie auch die fortschreitende Praxis – von qualifizierter TFP-Supervision begleitet werden. Das systematische Einbeziehen des Umfelds erhöht die Effektivität der Arbeit am Entwicklungsprozess der kindlichen Patienten und fördert bei allen Beteiligten Verständnis, Akzeptanz und Toleranz. Gezielte Fortbildung und qualifizierte Supervision in Institutionen könnten Erzieherinnen und Betreuer in ihrer herausfordernden Arbeit mit den oft nur als Belastung erlebten Kindern unterstützen, sodass sie auch zu erwartenden Rückfällen in alte Beziehungsmuster besser gewachsen wären. Pflege- und Adoptiveltern sollten sorgfältig ausgewählt und auf ihre mühevolle Aufgabe vorbereitet werden, auch darauf, dass eine Psychotherapie des Kindes notwendig werden könnte. Von den Krankenkassen benötigen wir die Bereitstellung eines höheren Stundenkontingents für die psychotherapeutische Behandlung dieser schwer erkrankten Kinder.

Die hier erstmals in einem Gesamtabriss vorgestellte TFP für Kinder mag als Anregung dienen, dieses Verfahren durch die Veröffentlichung weiterer ausführlicher Fallvignetten lebendiger werden zu lassen.

Literatur

Alvarez, A. (2001). Zum Leben wiederfinden. Psychoanalytische Psychotherapie mit autistischen, Borderline-, vernachlässigten und mißbrauchten Kindern. Frankfurt a. M.: Brandes & Apsel.

Bott Spillius, E. (2002). Kleinianische Konzepte in der klinischen Situation. In C. Frank, H. Weiß (Hrsg.), Kleinianische Theorie in klinischer Praxis. Stuttgart: Klett-Cotta.

Bürgin, D., Meng, H. (2000). Gibt es Borderline-Störungen bei Kindern und Jugendlichen? In O. F. Kernberg, B. Dulz, U. Sachsse (Hrsg.), Handbuch der Borderline-Störungen (S. 755–770). Stuttgart: Schattauer.

Chethik, M. (1986). Levels of borderline functioning in children: Etiological and treatment considerations. American Orthopsychiatric Association, 56 (1), 109–119.

Clarkin, J. F., Yeomans, F. E., Kernberg, O. F. (2008). Psychotherapie der Borderline-Persönlichkeit. Manual zur psychodynamischen Therapie (2. Aufl.). Stuttgart: Schattauer.

Diepold, B. (1994). Zur Ätiologie und Therapie von Kindern mit Borderline-Risiken. Kinderanalyse, 2, 413–427.

Diepold, B. (1995). Borderline-Entwicklungsstörungen bei Kindern – Zur Theorie und Behandlung. Praxis der Kinderpsychologie und Kinderpsychiatrie, 44, 270–279.

Diepold, B. (1996). »Diese Wut hört niemals auf«. Zum Einfluss realer Traumatisierungen auf die Entwicklung von Kindern. Analytische Kinder- und Jugendlichenpsychotherapie, 89, 73–86.

Doering, S. (2016). Übertragungsfokussierte Psychotherapie (TFP). Göttingen: Vandenhoeck & Ruprecht.

Freud, S. (1926d). Hemmung, Symptom und Angst. GW XIV (S. 111–205). Frankfurt a. M.: Fischer.

Grieser, J. (2004). Triangulierungsprozesse und die Funktion des Rahmens. Kinderanalyse, 12, 85–103.

Hurvich, M. (2015). Vernichtungsängste – traumatische Ängste. Psyche – Zeitschrift für Psychoanalyse und ihre Anwendungen, 69, 798–825.

Kehr, G., Köpp, W. (2018). Übertragungsfokussierte Psychotherapie für Jugendliche (TFP-A) mit Persönlichkeitsstörungen. Kinderanalyse, 26 (1), 37–85.
Kehr, G., Köpp, W. (im Druck). Konzeptualisierung der Arbeit mit Eltern und Betreuungseinrichtungen von schwer gestörten Jugendlichen. Gießen: Psychosozial-Verlag.
Kernberg, O. F. (1980). Borderline-Störungen und pathologischer Narzißmus. Frankfurt a. M.: Suhrkamp.
Kernberg, O. F. (1981). Für eine integrative Theorie der Klinikbehandlung. In O. F. Kernberg (Hrsg.), Objektbeziehung und Praxis der Psychoanalyse (S. 256–297). Stuttgart: Klett-Cotta.
Kernberg, O. F., Krischer, M. K., Foelsch, P. A. (2008). Übertragungsfokussierte Psychotherapie für Jugendliche: Der vorläufige Stand. Praxis der Kinderpsychologie und Kinderpsychiatrie, 57, 661–692.
Kernberg, P. F. (1996). Narzißtische Persönlichkeitsstörungen in der Kindheit. In O. F. Kernberg (Hrsg.), Narzißtische Persönlichkeitsstörungen (S. 191–217). Stuttgart u. New York: Schattauer.
Kernberg, P. F., Weiner, A., Bardenstein, K. (2001). Persönlichkeitsstörungen bei Kindern und Jugendlichen (2. Aufl.). Stuttgart: Klett-Cotta.
Klein, M. (1983). Die Trauer und ihre Beziehungen zu manisch-depressiven Zuständen. In: Das Seelenleben des Kleinkindes und andere Beiträge zur Psychoanalyse. Stuttgart: Klett-Cotta.
Klitzing, K. von (2002). Frühe Entwicklung im Längsschnitt: Von der Beziehungswelt der Eltern zur Vorstellungswelt des Kindes. Zeitschrift für Psychoanalyse, 56, 863–887.
Kreft, I. (2015). Techniken der Übertragungsfokussierten Therapie bei Kindern. Ein Fallbeispiel. Persönlichkeitsstörungen: Theorie und Therapie, 19, 14–22.
Kreft, I. (2018). Borderline-Störungen bei Kindern. Kinderanalyse, 26, 14–36.
Kreft, I., Köpp, W., Kernberg, O. F. (2014). »Der Schwache bist du.« Spiele von Borderline-Kindern als Umgang mit dem Unerträglichen. Kinderanalyse, 22, 1–25.
Krischer, M. K., Drust, M. (2018). Übertragungsfokussierte Psychotherapie bei Jugendlichen. Beispiele aus der Behandlung einer 15-jährigen Patientin mit einer Borderline-Persönlichkeitsorganisation. Persönlichkeitsstörungen: Theorie und Therapie, 3, 235–242.
Lohmer, M. (2013). Borderline-Therapie. Psychodynamik, Behandlungstechnik und therapeutische Settings (3. Aufl.). Stuttgart: Schattauer.
Mahler, M. S., Pine, F., Bergmann, A. (1978/2008). Die psychische Geburt

des Menschen. Symbiose und Individuation (19. Aufl.). Frankfurt a. M.: Fischer.
Parens, H. (1996). Zur Epigenese der Aggression in der frühen Kindheit. Analytische Kinder- und Jugendlichenpsychotherapie, 89, 17–49.
Rohde-Dachser, C. (1987). Ausformungen der ödipalen Dreieckskonstellation bei narzißtischen und bei Borderline-Störungen. Psyche – Zeitschrift für Psychoanalyse und ihre Anwendungen, 41, S. 773–799.
Roth, G., Strüber, N. (2018). Wie das Gehirn die Seele macht. Stuttgart: Klett-Cotta.
Segal, H. (1990). Bemerkungen zur Symbolbildung. In E. Bott Spillius (Hrsg.), Melanie Klein heute. Bd. 1 (S. 202–224). München u. Wien: Verlag Internationale Psychoanalyse.
Streeck-Fischer, A. (2007). Borderline-Risiken – Persönlichkeitsentwicklungsstörungen im Kindes- und Jugendalter. In H. Hopf, E. Windaus (Hrsg.), Lehrbuch der Psychotherapie. Bd. 5, Psychoanalytische und tiefenpsychologisch fundierte Kinder- und Jugendlichenpsychotherapie (S. 483–502). München: CIP-Medien.
Streeck-Fischer, A. (2016). Borderline-Störungen bei Jugendlichen. Die psychoanalytisch-interaktionelle Methode. Göttingen: Hogrefe.
Streeck-Fischer, A., Düwell, H., Bauers, W., Siebert, S. (2018). Persönlichkeitsentwicklungsstörung, Narzisstische, Borderline, Antisoziale Persönlichkeitsentwicklungsstörung. In P. Adler-Cormann, C. Röpke, H. Timmermann (Hrsg.). Psychoanalytische Leitlinien der Kinder- und Jugendlichen-Psychotherapie (S. 295–362). Frankfurt a. M.: Brandes & Apsel.
Strüber, N. (2018). Die erste Bindung (5. Aufl.). Stuttgart: Klett-Cotta.
Yeomans, F. E., Clarkin, J. F., Kernberg, O. F. (2017). Übertragungsfokussierte Psychotherapie für Borderline-Patienten. Das TFP-Praxismanual. Stuttgart: Schattauer.